LES /
MONTRÉAL
DE FRANCE

DU MÊME AUTEUR
(depuis 1980)

La France des Québécois
Éditions internationales Alain Stanké, Montréal, 1980. Recherches en France. Grand Prix littéraire du tourisme 1980 (France).

Il y a toujours une première fois
Éditions internationales Alain Stanké, Montréal, 1984. Éphémérides.

Les Douglas de Montréal
Extrait de la revue *Le Bugey*, Belley, Ain, France, 1984. Biographies.

Québécoises d'hier et d'aujourd'hui
Éditions internationales Alain Stanké, Montréal, 1985. Biographies.

Bacchus sur nos bords
Extrait de *L'Histoire de l'alcool au Québec*, Éditions internationales Alain Stanké, Montréal, 1986. Pour la Société des alcools du Québec.

Petit Dictionnaire des citations québécoises
Éditions Libre Expression, Montréal, 1988. Mots historiques et phrases plaisantes.

Le Paris des Québécois
Éditions Libre Expression, Montréal, 1989. Guide historico-touristique de la Ville lumière. Prix Percy-Foy, Société généalogique canadienne-française.

1690 — Une année dans la vie de la famille Le Moyne
La Famille Le Moyne, société historique, Pointe-au-Pic, 1990. Biographies.

La France de l'Ouest des Québécois
Éditions Libre Expression, Montréal, 1990. Guide historico-touristique.

ROBERT PRÉVOST

LES / MONTRÉAL DE FRANCE

Libre Expression

Données de catalogage avant publication (Canada)

Prévost, Robert, 1918-

Les Montréal de France et de Neufve-France

ISBN 2-89111-463-9

1. France — Descriptions et voyages — 1975-
2. Montréal (Québec) — Histoire. I. Titre.

DC29.3.P73 1991   914.404'839   C91-096074-7

Maquette de la couverture: France Lafond

Photos et cartes: Robert Prévost

Photocomposition et mise en pages: Composition Monika Enr.

© Éditions Libre Expression, 1991

Dépôt légal:
2e trimestre 1991

ISBN 2-89111-463-9

Table des matières

Avant-propos

Le tourisme culturel gagne constamment des adeptes. On y trouve l'occasion de satisfaire ses préférences pour la musique, les beaux-arts, les musées, l'histoire. La poursuite d'un tel objectif procure en même temps l'avantage de mieux connaître les régions que l'on visite, les populations que l'on rencontre.

Plusieurs thèmes se présentent à l'esprit. Dans ce guide, nous en proposons un qui joint l'insolite à la géographie: une façon originale de marquer le 350e anniversaire de la fondation de la métropole du Québec.

On nous avait dit qu'il existait une demi-douzaine de Montréal en France, et nous avons eu la curiosité de les visiter, mais nos pérégrinations nous en ont fait voir... une vingtaine!

C'est que seulement quelques Montréal sont des communes. On les trouve, par exemple, dans le *Dictionnaire national des communes de France*, de sorte qu'on peut les repérer facilement.

Mais il ne semble pas exister de répertoire des lieux-dits pour l'ensemble de la France. Quelques rares glossaires topographiques nous les donnent pour certains départements, et encore ne les consulte-t-on que dans les bibliothèques.

Alors, comment sommes-nous parvenus à retrouver sur le terrain tous ces Montréal que nous proposons ici? En consultant, au fil des ans, un grand nombre de cartes géographiques à grande échelle dans le but de déterminer, sur le terrain, des itinéraires devant nous permettre de constituer un inventaire iconographique du patrimoine de la France ayant un rapport direct avec notre histoire. Souvent, il nous a même fallu recourir à des cartes dites d'état-major pour nous y retrouver. Quant à la documentation, elle résulte la plupart du temps de recherches effectuées aux archives départementales.

Ces Montréal ne sont pas tous étrangers au nôtre, au contraire. Le château du Montréal de la Dordogne, par exemple, appartenait à la famille de Pontbriant dont un membre, Claude de Pontbriant dit Montréal, un échanson de François Ier, accompagnait Jacques Cartier sur notre mont Royal le 3 octobre 1535. Et le Montréal du Lot-et-Garonne, situé tout de suite au nord-ouest d'Agen, eut pour seigneuresse nulle autre que la nièce de Richelieu, la duchesse d'Aiguillon, fondatrice de l'Hôtel-Dieu de Québec. (Toute généreuse qu'elle fût, cette dame ne s'acquittait pas des taxes que lui avaient imposées les élus, de sorte qu'ils durent la poursuivre devant les tribunaux!)

Tous ces Montréal vous sont présentés à la faveur d'un itinéraire général Paris/Paris, qui permet de faire le tour de la France dans le sens des aiguilles d'une montre et qui passe par les départements suivants: Yonne, Ain, Drôme, Ardèche, Gard, Tarn, Tarn-et-Garonne, Aude, Ariège, Gers, Lot-et-Garonne, Dordogne, Cantal, Haute-Vienne, Sarthe, Loiret et Seine-Maritime.

Bien sûr, un tel périple exigerait beaucoup de temps pour s'en acquitter d'un seul coup, surtout qu'on n'aborde certains lieux-dits qu'au moyen de routes secondaires

Pierre tombale de «noble maistre Pierre Abballesteen» dans la collégiale du Montréal de l'Yonne. Prévôt du lieu, son épitaphe révèle qu'il décéda le 21 avril 1591.

parfois difficiles à repérer au moyen de cartes à échelle courante. Ceux des Montréal qui offrent le plus d'intérêt par leurs monuments sont dans l'Yonne, l'Ain, l'Aude et le Gers, et il s'agit de communes. Nous nous en voudrions de ne pas ajouter celui de la Dordogne, mais soulignons que son très beau château est propriété privée.

Quelle que soit la région de France que l'on se propose de visiter, on n'est jamais trop loin d'un ou deux ou trois Montréal que l'on peut incorporer à son propre itinéraire.

À peu près tous ces Montréal de France existaient depuis déjà un demi-millénaire quand Paul de Chomedey, sieur de Maisonneuve, jeta les bases de notre Ville-Marie, ajoutant ainsi, en «Neufve-France», un nouveau Montréal à ceux des anciennes provinces, qui devaient se juxtaposer au fil du temps pour constituer notre mère patrie culturelle.

La «famille» n'aurait pas été complète si nous n'avions pas joint le «jeune» Montréal du Québec à ses vénérables aînés au moment où il aborde la deuxième moitié de son quatrième siècle d'existence.

Quelle que soit la région de la France que l'on visite, avons-nous dit, on n'est jamais loin de deux ou trois Montréal. Aussi avons-nous pensé qu'il serait utile de souligner les principaux attraits des villes qui jalonnent nos itinéraires et de rappeler, au passage, des personnages dont les noms s'inscrivent en lettres indélébiles dans les annales québécoises. Et, coïncidence insolite, si notre Montréal s'est doté d'un Mirabel il y a peu d'années, notons que certains Montréal de France ont le leur depuis quelques siècles!

Bien sûr, il existe plusieurs Montréal hors de France et de «Neufve-France», notamment en Ontario, et trois aux États-Unis (en Arkansas, au Michigan et au Wisconsin), mais le plus important de tous est sans doute Monreale, en Sicile, en proche banlieue de Palerme, dont la cathédrale, normande, date du XIIe siècle.

Mais les Montréal de France ont un titre particulier à notre attention. C'est sans doute pour cela qu'en août 1979 le maire du Montréal du Québec, Me Jean Drapeau, accueillait officiellement les maires des Montréal de France, entourés de quelque 200 Montréalais du «vieux pays».

Du haut de son mont «réal», la métropole du Québec salue ses aînés, les monts «réaux» de la mère patrie culturelle.

Robert Prévost.

MONTRÉAL

YONNE

C'est un lieu chargé d'histoire et qui connut long-temps une importance stratégique. On le désignait sous l'appellation de Montréal-en-Auxois, ce dernier nom iden-tifiant la région à laquelle il appartenait, celle de l'Auxois, en Bourgogne.

À la périphérie de Paris, nous emprunterons soit la N 6, soit l'autoroute A 6, au choix, vers Avallon (la distan-ce est sensiblement la même, un peu plus de 200 km). Depuis Avallon, la D 957 nous conduit à ce premier Mont-réal (12 km vers l'est).

Il convient de mentionner tout de suite que ce Mont-réal s'inscrit dans un intéressant circuit d'églises et de cathédrales, que nous mentionnons plus loin et qui dé-bute à Sens. De même, en passant par Auxerre, on peut, par la D 965, voir un autre Montréal, car l'Yonne en

La «porte d'En Haut» du Montréal de l'Yonne supporte
des cubes de maçonnerie qui abritent des cloches.

possède deux. Nous nous y arrêterons également. C'est dire qu'au départ de Paris la Bourgogne nous offre déjà une excursion aussi agréable que culturelle.

En l'an 886, les Normands envahissaient la Bourgogne et saccageaient Vézelay. Il est logique de penser qu'ils en firent autant à Montréal, car les historiens estiment que ce lieu était déjà peuplé.

Bâtis sur un promontoire qui domine la plaine environnante, les premiers ouvrages défensifs de Montréal étaient probablement construits de bois, mais au XIe siècle on les remplaça par une place forte en pierre, et on peut présumer, même si les détails manquent à ce sujet, que la forteresse joua un rôle important dans les guerres de l'Auxois.

Au pied de la colline coule le Serein, qui marquait la frontière entre l'ancien comté carolingien d'Avallon et celui de Tonnerre. Montréal se trouvait en Avallon, mais la seigneurie chevauchait cette rivière, un affluent de

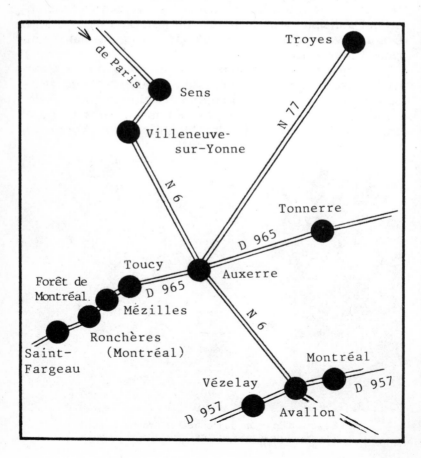

l'Yonne, qui prend sa source dans le plateau de Saulieu. Et lorsqu'en 1016 se constitua le duché capétien de Bourgogne, Montréal se retrouva probablement dans sa mouvance.

Les Anserie, véritable dynastie de seigneurs, furent les plus anciens maîtres connus de Montréal. On conserve un de leurs beaux cachets de cire au musée du château de Brancion, situé à la hauteur de Tournus, tout de suite à l'ouest de l'autoroute A 6. On les désignait comme «sires» de Montréal et ils appartenaient à une catégorie de féodaux appelés barons.

Le premier de cette lignée dont on ait trouvé la trace, Anserie Ier, vécut au XIe siècle, et on devine l'importance de cette famille si l'on songe qu'Anserie II et Anserie III furent sénéchaux de Bourgogne, c'est-à-dire chefs des armées ducales.

C'est Anserie II qui, après avoir participé à la deuxième croisade (1147-1149), prêchée à Vézelay par Bernard de Clairvaux, fit bâtir la collégiale, dont la décoration intérieure et le mobilier font toujours l'admiration des connaisseurs. Le monument fut terminé vers 1175. Nous y reviendrons.

Quant à Anserie III, il guerroya contre les musulmans au Portugal et trouva la mort à Saint-Jean-d'Acre lors de

Un vert rideau de lierre habille l'Hôtel de Ville.

la troisième croisade. L'un de ses fils fut évêque de Langres (1219-1232).

Anserie V affranchit les habitants de Montréal au moyen d'une charte datée de «l'année de l'incarnation du Verbe mil deux cent vingt huit». Dès lors, ceux-ci purent quitter librement le bourg. Le seigneur n'imposait plus aux propriétaires de chariots que trois jours de corvée par an et il permettait à ses censitaires de prendre du bois sur ses terres. Tous, cependant, devaient participer à la garde du château si son prévôt le jugeait nécessaire. Engagement solennel: «Je prie les vénérables pères et seigneurs l'archevêque de Lyon et l'évêque d'Autun, précisait-il, de lancer contre moi, mes terres et mes biens, une sentence d'excommunication et de me forcer à accomplir ma promesse par tous les moyens si je me rétracte sur quelque point.»

Les sires de Montréal se montrèrent généreux à l'égard des abbayes, leur consentant d'importantes donations et des concessions sur leurs territoires, mais l'un d'eux, Anserie VI, qui éprouvait des problèmes de trésorerie, contesta plusieurs de ces privilèges et brutalisa les religieux, allant jusqu'à «faire manger un prêtre par les mouches», supplice «raffiné», car ces «mouches» étaient... des abeilles. Son suzerain, le comte de Champagne, puis le duc Hugues IV de Bourgogne intervinrent en vain auprès de lui. Louis IX (saint Louis) dut s'en charger, de sorte qu'en septembre 1245 le vassal dut

La collégiale du Montréal de l'Yonne fut l'une des premières églises bourguignonnes voûtées en croisées d'ogives.

C'est le grand architecte Viollet-le-Duc qui fit classer la collégiale,
puis la restaura.

remettre son château de Montréal au duc Hugues, et celui-ci mit à sa disposition celui de Châtel-Gérard, se réservant le droit de l'en expulser sur avis d'un mois.

Et c'est ainsi qu'en 1272 Hugues IV légua ses terres, y compris celles de Montréal, à Hugues de Bourgogne, un fils qu'il avait eu de Béatrice de Champagne. Celui-ci devint sire de Montréal et s'y établit. Quand il décéda, en 1288, c'est son demi-frère, Robert II, qui en hérita, et la seigneurie de Montréal fut incluse dans ses domaines ducaux, devenant ainsi une petite châtellenie. Les ducs de Bourgogne y venaient de temps à autre, notamment Philippe le Hardi; sa conduite courageuse à la bataille de Poitiers (1356) lui avait valu ce surnom et l'apanage du duché de Bourgogne.

Peu avant la fin du XVe siècle, Montréal était déjà une puissante citadelle flanquée de 19 tours. C'était l'une des clefs de la Bourgogne du côté de la Champagne et, en principe, elle assurait la protection de près d'une trentaine de villages et de hameaux dont les habitants pouvaient s'y réfugier en cas d'hostilités, contre l'obligation d'en assurer la garde et l'entretien.

En 1360, l'armée d'Édouard III d'Angleterre survint dans la région et suivit le cours du Serein, mais sans attaquer la place. C'est à Montréal que fut conclu l'accord par lequel les envahisseurs consentirent à évacuer le duché en échange de 200 000 moutons!

Au cours du siècle suivant, la forteresse connut diverses fortunes: pillages, bombardements au moyen de boulets de pierre, incendies, même la peste. En 1477, après la mort de Charles le Téméraire au siège de Nancy, Montréal fut annexé à la couronne de France en même temps que le duché. En 1521, François Ier s'y arrêta une première fois; il y revint en 1542 et y séjourna deux semaines afin de présider aux États de Bourgogne.

La place n'eut pas trop à souffrir des guerres de Religion, mais avec la fin de celles-ci son rôle stratégique connut le déclin. Peu avant la fin du XVIe siècle, on procéda au démantèlement de ses fortifications et l'ancienne forteresse devint un bourg d'agriculteurs, de viticulteurs et d'artisans. La tonnellerie occupait une bonne partie de la population.

Quand survint la Révolution, les sans-culottes jugèrent que le suffixe «réal» du nom de la commune était peu en accord avec leur idéal de liberté et ils voulurent lui donner une nouvelle appellation «qui n'ait rien de suspect»: Mont-Serein, qui prévalut jusqu'au tournant du siècle. On n'efface pas d'un seul trait de plume une désignation millénaire: Montréal reprit ses droits. Les avait-il jamais perdus?

Et le bourg poursuivit son cheminement jusqu'à nous, avec l'occupation par des troupes autrichiennes et bavaroises après la défaite de Napoléon à Waterloo, le passage des Prussiens en janvier 1871, la présence des nazis et l'intervention des forces libératrices lors de la Deuxième Guerre mondiale.

*   *

*

Au siècle dernier, on a rasé les derniers vestiges du château, mais il subsiste des éléments des anciennes enceintes. On peut laisser sa voiture à l'entrée sud du bourg, où un modeste monument rend hommage aux Montréalais victimes des deux grandes guerres. On aperçoit tout de suite, dès l'amorce de la vieille rue qui monte vers la collégiale, une première porte, dite «porte d'En Bas», qui date du XIIIe siècle. Elle est fort bien conservée, avec ses trois arcs d'inspiration gothique, mais elle est privée de sa herse.

Au-delà se présentent des maisons anciennes, dont certaines ont un étage à encorbellement; l'une d'elles, sur la droite, date sûrement du XVe siècle; elle se blottit entre des structures plus récentes, mais elle leur survivra sûrement si l'on en juge par sa façade trapue. Un peu plus haut, sur la gauche, voici un fragment de l'enceinte extérieure, dont l'angle s'orne d'une jolie échauguette à la base en forme d'escargot.

Puis la rue se faufile sous la «porte d'En Haut», dont les arcs, également gothiques, supportent des cubes de maçonnerie qu'habitent des cloches; d'autres fragments de l'enceinte l'encadrent.

Mais c'est la collégiale qui est le monument par excellence de Montréal. Anserie II l'a fait ériger au retour de la deuxième croisade. Le chapitre de Notre-Dame de l'Assomption a été créé vers la demie du XIe siècle, et les sires de Montréal, de même que les ducs de Bourgogne, se montrèrent généreux à son endroit. Puis les papes Clément III, en 1188, et Honoré III, en 1216, prirent la collégiale sous leur protection. Elle devint un lieu de pèlerinage lorsque des calamités, comme la peste, décimèrent la population.

Les stalles de la collégiale représentent des scènes de l'Ancien et du Nouveau Testament.

Conçue en forme de croix, la collégiale, selon les spécialistes de l'architecture religieuse, est un type très pur du style ogival primitif: ce fut l'une des premières églises bourguignonnes voûtées en croisées d'ogives. Le portail s'inspire d'un thème roman. Plusieurs épitaphes rappellent la mémoire de personnages qui, en leur temps, exercèrent une influence certaine. L'une marque le dernier repos de «noble maistre Pierre Abballesteen provost de Montréal qui décéda le 21 apvril 1591».

Lorsque le grand architecte Viollet-le-Duc restaura la basilique de Vézelay, il prépara un mémoire visant à faire classer la collégiale de Montréal. L'extérieur, écrivait-il, n'offre rien de remarquable, «mais ce qui est d'un intérêt sans égal, c'est l'intérieur de cette église. Sitôt entré, vous êtes surpris de trouver au-dessus de votre tête une tribune supportée par d'énormes consoles en encorbellement et par une seule colonne isolée placée dans l'axe, derrière le trumeau de la porte. Un garde-fou, formé de grandes dalles sans aucune moulure, un plancher fait de longues pierres posées simplement sur les consoles donnent à cette étrange construction un aspect antique et sauvage qui saisit et attire l'attention. Vous croyez voir un de ces monuments primitifs dont l'usage est aussi ignoré que le nom des artistes qui l'ont élevé.»

Le mobilier est tout aussi remarquable. Tout d'abord, le retable en albâtre du XVe siècle importé de Nottingham, Angleterre, mais surtout les boiseries. La collégiale compte une trentaine de stalles offertes par Anserie II, qui en confia la sculpture aux deux frères Rigoley, de Nuits-sous-Ravières, une commune située à quelque 25 kilomètres au nord-est de Montréal, sur la route allant de Tonnerre à Montbard.

Ces œuvres remarquables représentent des scènes de l'Ancien et du Nouveau Testament, de même que des allégories. Une fois leur travail terminé, sans doute heureux des résultats, les deux frères, des huchiers-menuisiers, se sont sculptés eux-mêmes en une attitude bien bourguignonne, trinquant à leur succès, devant un pot d'étain à couvercle et une tarte, leurs outils trouvant enfin un moment de repos sur la nappe. Les bancs et la table à tréteaux sont de la fin de l'époque gothique, mais, compte tenu de leur propre époque, les scènes sculptées juste au-dessous sont de style François Ier.

Ces deux «buveurs», bien connus des amateurs d'art, on en trouve une représentation sculptée dans la masse à Auxerre, à l'angle de la rue de la Tour-Gaillarde

En authentiques Bourguignon, les frères Rigoley se sont eux-mêmes
sculptés, trinquant à leur succès.
Quelle aimable façon de signer leur œuvre!

et de la rue de l'Horloge, où elle constitue l'aimable
enseigne d'un marchand de vins installé au rez-de-chaus-
sée d'une maison à colombage.

Avant de retourner à la voiture, passer quelques
instants derrière le chevet de la collégiale d'où l'on a une
fort agréable vue panoramique.

* *
*

AUTRES POINTS D'INTÉRÊT

Le Montréal de l'Yonne s'inscrit dans un intéressant
circuit d'églises et de cathédrales où alternent l'art roman
et l'art gothique, source d'émerveillement pour qui est
friand d'architecture et de vieilles pierres. Nous en proposons six au départ de Paris. Elles se présentent successivement sur la N 6, à partir de Sens-sur-Yonne; notez
que, dans la conversation courante, on désigne cette
importante commune tout simplement sous l'appellation
de Sens. Si l'on veut éviter les bouchons qui paralysent
souvent la circulation sur l'amorce des routes nationales
immédiatement au sud de la capitale, on peut emprunter
l'autoroute du Soleil, A 6, jusqu'à la sortie pour Courtenay
(110 km), et prendre, vers l'est, la N 60 (26 km).

La cathédrale de SENS est harmonieusement située
aux confins de l'Île-de-France, de la Champagne et de la

Bourgogne. Ce fut la première cathédrale gothique (XIIe s.). Elle s'ouvre par un triple portail sculpté comprenant de majestueux personnages de l'Ancien Testament. L'intérieur se distingue par ses chapiteaux et ses vitraux. Son trésor est l'un des plus riches de France. L'un de ses chanoines, au temps de la Révolution, s'appelait André Grasset de Saint-Sauveur, né au Montréal du Québec en 1758, alors que son père était le secrétaire du gouverneur Pierre de Rigaud de Vaudreuil. Il fut égorgé, en même temps que plus d'une centaine d'autres prêtres, chez les carmes, à Paris, au cours des massacres de Septembre (1792). Il fut béatifié en 1926 avec les autres martyrs de cette sanglante nuit, et notre collège André-Grasset, situé à Montréal, rappelle sa mémoire. À Sens, le palais synodal abrite une intéressante collection lapidaire, et le Musée archéologique de la ville regroupe des sculptures gallo-romaines et des manuscrits anciens.

Depuis Sens, la N 6, vers le sud, conduit à VILLENEUVE-SUR-YONNE (13 km). Son église Notre-Dame (XIIIe, XIVe et XVIe s.) présente un portail Renaissance, une longue nef de neuf travées, un chœur à sept pans et trois chapelles rayonnantes. La commune conserve deux portes fortifiées de l'ancienne bastide, de même que la tour Louis-le-Gros (XIIe s.), robuste donjon cylindrique évoquant l'ancien château.

Suivons toujours la N 6. Prochaine étape, AUXERRE (35 km). Depuis les ponts qui franchissent l'Yonne, cette ville offre un panorama devenu célèbre. Deux églises admirables dominent les toits. Tout d'abord, la cathédrale (XIIIe et XIVe s.), dédiée à saint Étienne; de style gothique champenois, elle retient l'attention par sa sculpture et ses vitraux; puis l'abbatiale Saint-Germain, dont les cryptes (XIe s.) s'ornent de peintures murales qui comptent parmi les plus anciennes de France. Voir l'élégante tour Gaillarde, dite aussi tour de l'Horloge (XVe s.), et les deux rues qui portent leurs noms et qui constituent le cœur du vieux quartier. Sur les bords de l'Yonne, près de la maison du Coche-d'Eau, dans une niche, veille depuis 1774 une statue de saint Nicolas, patron des mariniers.

À Auxerre passe la D 965. Vers l'est, en traversant Chablis, capitale du vignoble de la Basse-Bourgogne, elle conduit à TONNERRE (35 km). Cette commune s'enorgueillit à juste titre de son église Saint-Pierre (XVIe s.), bâtie sur un rocher qui domine la ville, et de son église Notre-Dame (XIIIe et XVe s.), dont la façade Renaissance présente un monumental portail, mais le bâtiment qui retient spécifiquement l'attention est l'ancien hôpital fondé en 1293 par Marguerite de Bourgogne. Sous une haute et imposante toiture de quelque 4 500 m², la grande salle des malades constitue l'un des plus beaux vaisseaux lambrissés qui soient en France. Les chapelles abritent des chefs-d'œuvre de la statuaire réaliste bourguignonne, notamment un saint sépulcre en pierre doté de sept statues grandeur nature.

Revenons à Auxerre par la D 965. Si l'on continue vers l'est, en direction de Saint-Fargeau, on atteint, au-delà de Mézilles, la commune de Ronchères (43 km depuis Auxerre), où existe un second Montréal dans le département de l'Yonne. Nous en reparlerons.

Depuis Auxerre, la N 6 nous amène à AVALLON (52 km) qui, du haut de son promontoire, offre à l'œil un vaste panorama. Cité frontalière située aux confins de la Bourgogne et du Nivernais, région s'étendant entre le massif du Morvan et la vallée de la Loire, c'était autrefois une place forte, et le périmètre de ses ouvrages défensifs, toujours doté de vieilles maisons, a gardé son aspect vétuste. Son église Saint-Lazare, de style roman bourguignon (XIIe s.), possède deux portails aux voussures richement sculptées. Une tour (XVe s.) surmontant sa porte de l'Horloge constitue un vestige du château fort.

À Avallon passe la D 957. Si on l'emprunte vers l'est, elle conduit aussitôt au Montréal que nous avons déjà visité. Vers l'ouest, elle atteint VÉZELAY (15 km), un haut lieu de l'histoire de France, et que l'on se doit d'admirer, surtout quand on en est aussi près! C'est un chef-d'œuvre de l'architecture médiévale. La colline, le bourg et la basilique qui domine le tout constituent un ensemble des plus harmonieux, le site et l'architecture étant intégrés à un degré exceptionnel. Et ces pierres sont imprégnées d'histoire.

Sur cette colline, saint Bernard a prêché la deuxième croisade, Philippe Auguste a rencontré Richard Cœur de Lion et saint Louis est venu se recueillir à la veille de la huitième croisade. Commencée à la fin du XIe siècle, la basilique Sainte-Madeleine devint un lieu de pèlerinage grâce à la renommée des reliques de la Madeleine. Saccagée au cours des guerres de Religion, elle menaça ruine jusqu'au siècle dernier, alors que Viollet-le-Duc fut chargé de sa restauration. Ses caractéristiques les plus admirables sont le narthex roman dont le portail, orné d'un tympan qui est l'un des chefs-d'œuvre de la sculpture française, s'ouvre sur une nef grandiose. Celle-ci est de pierre blanche, et ses chapiteaux historiés illustrent les sept péchés capitaux et de nombreuses scènes d'un charmant réalisme évoquant la vie paysanne de l'époque: mouture du blé, enfumage des abeilles, abattage des arbres, etc.

N'empruntons pas le chemin qui redescend sans nous être arrêtés sur la terrasse dite des Anciens-Abbés, derrière le chevet de la basilique, d'où s'offre un merveilleux panorama.

MONTRÉAL
commune de Ronchères
YONNE

Nous avons mentionné précédemment que l'Yonne compte un second Montréal, situé sur la commune de Ronchères. On le désigne sous l'appellation de Montréal-en-Puisaye pour l'identifier par son appartenance à une région spécifique.

La Puisaye s'insère entre le Gâtinais, au nord, et le Nivernais, au sud; elle s'étend, d'est en ouest, de la vallée de l'Yonne à celle de la Loire. C'est une contrée riche en souvenirs historiques. Pays parsemé de coteaux et de mamelons, de prairies et de boisés, haché de cours d'eau, c'est le patient labeur des paysans qui, au fil des siècles, a transformé un sol ingrat en des fermes dociles. Il y a un siècle, la Puisaye en comptait déjà un millier, encloses de haies vives. L'élevage demeure sa principale activité rurale.

Depuis Auxerre, la D 965 nous amène, vers l'ouest, à Toucy (24 km), qui possède une curieuse église (XVIe s.) flanquée de deux tours (XIIe s.) et dont le chevet est constitué de la façade d'une ancienne église romane. Les tours seraient les vestiges d'un château des évêques d'Auxerre.

Au-delà de Toucy se présente Mézilles (10 km), petite commune d'un millier d'habitants. Puis la D 965 atteint la D 184 (7 km). La petite commune de Ronchères

(200 hab.) est tout de suite sur la gauche, et le lieu-dit de Montréal, sur la droite.

La plupart des Montréal en France, avons-nous déjà souligné, coiffent des éminences, et leur fondation a résulté d'une situation stratégique avantageuse. Or, celui-ci ne possède pas cette caractéristique, même si son appellation résulte de l'une des croisades.

L'histoire connue de ce lieu-dit remonte à la fin du XIIe siècle. Narjot II, seigneur de Toucy et de Saint-Fargeau, était parti pour la Terre sainte à la suite de Philippe Auguste pour participer à la troisième croisade (1189-1192). Il était présent au siège de la forteresse de Saint-Jean-d'Acre.

Le sultan Saladin avait pris Jérusalem en 1187 et ses soldats occupaient depuis le krak de Montréal, situé à près de 200 kilomètres de la Ville sainte. On appelait kraks les châteaux forts établis par les croisés. Quand ceux-ci se présentèrent devant la forteresse, Saladin résista farouchement pendant de nombreux mois, et ils ne s'en emparèrent que vers la fin de 1190.

Narjot II ne rentra que fort mal en point de cette croisade, et, pour remercier le ciel de lui avoir conservé la vie, il fit cadeau à un monastère d'hectares de terre et de forêt en friche et donna le nom de Montréal à ce lieu en souvenir de celui à la reconquête duquel il avait participé, au sud de la mer Morte. Il décéda, semble-t-il, peu après cette donation.

Les moines défricheurs exécutèrent de toute évidence des travaux considérables autour de leur prieuré ou ermitage, et on en a trouvé des traces. Ils creusèrent un lac artificiel qui, jusqu'au début du siècle dernier, occupait une quinzaine d'hectares! De nos jours, l'étang de Montréal, ainsi qu'on le désigne, n'a plus que trois hectares. Les moines de Montréal auraient aussi édifié le chœur de l'église de Ronchères (XIIe s.).

L'ancien prieuré fut longtemps la demeure des seigneurs de Ronchères, qui portaient aussi le titre de seigneurs de Montréal. Les plus anciens registres conservés à la mairie signalent la naissance, le 9 janvier 1604, d'Henri, «fils du noble Seigneur Claude de Beaujeu, seigneur dudit lieu et du fief de Montréal». Henri de Beaujeu fut non seulement seigneur de Montréal, mais aussi de La Motte et du Portail. On trouve dans ces registres, pendant un siècle, plusieurs actes ayant trait à cette famille.

Au XVIIIe siècle, la famille de Vaupépin succède à celle de Beaujeu, puis le fief devient propriété d'un bourgeois de Saint-Fargeau. C'est sous la Révolution que le domaine devint une ferme, et celle-ci fait toujours l'objet d'un panneau de signalisation. Les bâtiments qu'on y trouve comportent des éléments de constructions des XVIe et XVIIe siècles.

En 1865, un maire de Saint-Fargeau, propriétaire de l'ancien fief, M. Pierre Barre de La Prémuré, fit construire un nouveau château au goût du jour. Ce personnage avait accumulé une fortune dans le flottage des bois destinés à la région parisienne. Le château se dressait face à l'étang, au milieu de terres agricoles et de prés, en bordure des boisés. Le domaine passa ensuite au gendre puis au petit-fils de Pierre Barre, les comtes Léopold et Maurice de Vergennes. M. Pierre Gibert en fit l'acquisition en 1921, et, au moment où l'auteur de ces lignes visita les lieux, le propriétaire en était M. Bernard Georgi, maire de Ronchères, source de la documentation qui a servi à la rédaction de cette notice.

En 1977, le château avait gardé sa noble allure, mais cachait mal la décrépitude qui le rongeait. Il faisait eau de toutes parts, et la municipalité de Nanterre, qui l'utilisait comme centre d'une colonie de vacances, dut y renoncer, faute de pouvoir en assumer l'entretien et la modernisation: c'était un château sans eau courante ni système de chauffage. L'électricité n'y avait été amenée que temporairement par les Allemands sous l'occupation. M. Georgi

Les communs du château de Montréal, commune de Ronchères, ont été transformés en une agréable demeure.

Le château de Montréal peu avant sa démolition.

n'eut d'autre choix que de le faire démonter, en prenant soin d'en conserver les boiseries.

Quant au bois de Montréal, aussi identifié sur les cartes à grande échelle, son propriétaire en assure la mise en valeur tant par des travaux d'assainissement que par la plantation de jeunes chênes de pépinière.

*   *
*

Quatre kilomètres passé Ronchères, la D 965 débouche sur SAINT-FARGEAU, dont le château vaut d'être visité. Il a appartenu à Jacques Cœur, un financier du XVe siècle qui maintenait des comptoirs dans les grandes villes de France et des relations commerciales avec les pays du Levant, l'Espagne et l'Italie; il fut maître des monnaies et le grand argentier de Charles VII. Le château fut ensuite la propriété des Bourbons et servit notamment de refuge à la Grande Mademoiselle, qui avait dû quitter la cour à la suite de son rôle pendant la Fronde: celle que l'on désignait ainsi, la duchesse de Montpensier, avait fait tirer le canon de la Bastille sur les troupes royales pour défendre Condé!

La duchesse entreprit de rénover les bâtiments du XVe siècle et, pour cela, fit appel au grand architecte et décorateur Louis Le Vau, à qui l'on doit tant de monuments classiques, dont l'admirable château de Vaux-le-Vicomte et, à Paris, le bel immeuble incurvé de l'Institut,

qui abrite cinq sociétés savantes, dont l'Académie française. Le Vau conserva les tours du château et les coiffa
d'un lanternon, sauf celle dite de Jacques-Cœur. Il rema-
nia les façades, de même que le vestibule d'angle. La
cour d'honneur, formée de cinq bâtiments flanqués de
grosses tours rondes, avec son décor de brique et de
pierre, respire la noblesse. Le ton de la brique atténue
l'austérité de l'ensemble, auquel il donne une aimable
chaleur.

Entrée du château de Saint-Fargeau.

MONTRÉAL

AIN

De l'Yonne, franchissons les départements de la Côte-d'Or et de Saône-et-Loire pour aborder celui de l'Ain. Depuis Avallon, la N 6 et l'autoroute A 6 s'offrent au choix pour la poursuite de l'itinéraire jusqu'à Mâcon (181 km et 185 km respectivement), d'où la N 79 conduit, vers l'est, à Bourg-en-Bresse (34 km). Emprunter ici la D 979 pour Montréal-La Cluse (37 km).

Cette dernière route présente des sites grandioses, car elle chemine entre gorges et plateaux, plaines et torrents. L'Ain se distingue par les contrastes infinis de quatre anciens «pays» que les glaciers alpins ont façonnés: la Bresse, la Dombes, le Bugey et le Gex. Celui-ci s'ouvre sur le lac Léman, et on y trouve le château où vécut Voltaire de 1758 à 1778. C'est donc probablement d'ici que le personnage écrivit en 1762 au ministre Choiseul, qui négociait le traité de Paris, pour lui suggérer

d'abandonner la Nouvelle-France. «J'aime beaucoup mieux la paix que le Canada, lui disait-il, et je crois que la France peut être heureuse sans Québec.» La commune qui se forma autour du château prit d'ailleurs le nom de Ferney-Voltaire et se trouve à la frontière suisse.

À toute proximité de Montréal passe la N 84 vers Genève. Au cours des récentes années, une autoroute moderne a été aménagée afin de faciliter l'accès à la capitale helvétique. Le secteur de Montréal constitue une importante zone touristique, surtout grâce au lac Nantua. La commune de Montréal-en-Bugey, ainsi qu'on la désignait autrefois, a été annexée à une voisine, La Cluse. Dans le Jura, une «cluse» désigne une entaille profonde et encaissée qui entrecoupe perpendiculairement une chaîne de montagnes. C'est à la faveur d'une telle percée dans les plissements parallèles nord-sud de la topographie jurassienne qu'ont pu se faufiler la route et le rail allant de Lyon à Genève. La cluse de Nantua illustre bien ce phénomène naturel.

Cette région du Haut-Bugey, que traverse la cluse de Nantua, se situe à une altitude variant de 500 à 800

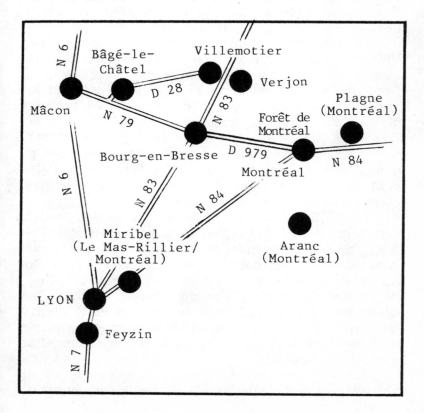

mètres, mais elle compte plusieurs sommets plus élevés. Les forêts recouvrent les deux tiers du territoire. La forêt de Montréal, d'ailleurs identifiée sur les cartes à grande échelle, est une source de prospérité pour l'économie locale.

La préhistoire de l'Ain est riche. Plusieurs gisements célèbres datent du paléolithique supérieur. On y a trouvé des galets et des os gravés s'ornant de représentations animales, parfois humaines. Ses grottes ont été souvent hélas visitées par des collectionneurs épris d'insolite plutôt que de science. Certaines ont été habitées il y a une quinzaine de millénaires par des chasseurs de rennes et de mammouths.

Situé sur les routes de Provence, de Suisse et d'Italie, ponctué de carrefours que dictaient le passage des cluses et celui des vallées de la Saône, du Rhône et de l'Ain, ce territoire a été marqué par la présence des Gallo-Romains. À l'arrivée des Romains, les Gaulois y étaient déjà bien implantés. Ce nouvel apport stimula l'activité, et les routes se jalonnèrent de bourgs. Le Bugey est particulièrement riche en souvenirs de l'époque de César, dont la civilisation a laissé des villas, des sarcophages, des mosaïques, de la poterie.

Le christianisme s'installe tôt dans la région, mais au VIIIe siècle surgissent les Sarrasins, qui laisseront derrière eux la tradition des cheminées... sarrasines, qui s'est perpétuée jusqu'à nous. Quand on parcourt les routes, on voit assez souvent ces cheminées si typiques placées au centre des habitations.

Alors que les abbayes se multiplient, donnant naissance à une Église bien structurée, l'autorité civile se morcelle en une pléthore de petites seigneuries féodales dont le réseau est si complexe que même les archivistes chevronnés ont peine à s'y retrouver.

En 1650 paraissait à Lyon un fort volume sous la signature de Samuel Guichenon, avocat au présidial de Bourg-en-Bresse: *Histoire de Bresse et de Bugey, contenant ce qui s'y est passé de mémorable sous les Romains, Roys de Bourgogne & d'Arles, Empereurs, Sires de Baugé, Comtes & Ducs de Savoye, & Roys Très Chrestiens, etc.* La Bibliothèque nationale du Québec a le bonheur d'en posséder un exemplaire dans sa réserve de livres anciens. Le contenu de cet ouvrage permet de démêler l'écheveau.

Pendant que les petits seigneurs s'épuisent en se harcelant, la maison de Savoie, probablement venue de

Le nom du lieutenant Olivier de Douglas est le premier à figurer sur le monument érigé, au Montréal de l'Ain, à la mémoire des fils de la commune morts au cours de la Première Guerre mondiale.

Bourgogne et de Champagne et installée en Bugey dont elle a acheté la seigneurie en 1077, entreprend d'«acquérir» les territoires voisins de diverses façons: achats, legs, mariages, etc. Il lui faut près de quatre siècles pour que son étendard à la croix d'argent sur champ de gueules flotte sur à peu près tous les «pays» qui devaient former l'actuel département de l'Ain.

Au milieu de cette mosaïque de domaines se distinguent toutefois de grandes terres, celles de Bâgé, de

Coligny, de Gex, dont, un millénaire plus tard, des communes de l'Ain arborent toujours les noms; celles aussi de Thoire et de Villars, qui nous intéressent plus particulièrement.

Vers 1170, Humbert II de Thoire épousait Alix de Coligny, qui lui apporta en dot plusieurs terres. Leur fils, Étienne Ier, jeta son dévolu sur la seule héritière du sire de Villars, de sorte que les deux grandes terres se trouvèrent réunies sous un même seigneur.

Vers 1235, Étienne II succédait à son père. Une dizaine d'années plus tard, craignant l'ambition de la maison de Savoie, il entreprit la construction d'un château au sommet d'un roc escarpé, lui donnant le nom de Mons Regalis (Mont Royal), au grand dam des comtes de Savoie.

Quand Étienne II décéda, son fils, Humbert III, nouveau sire de Thoire et de Villars, épousa Béatrix de Bourgogne (vers 1250); celle-ci, parmi d'autres biens, lui apporta dans sa corbeille la seigneurie de Montréal, et lorsque Humbert IV succéda à son père, il décida d'établir un bourg au pied du rocher, là même où se trouve l'actuel Montréal. Il offrit de grands avantages à quiconque viendrait s'y fixer, assurant aux habitants la protection de dix de ses chevaliers.

Humbert IV donna au bourg le statut de ville au moyen de lettres patentes datées d'avril 1287; il y attira les «bourgeois» par de généreuses franchises: il les

Le château de la famille Douglas, au Montréal de l'Ain.

libéra de diverses servitudes et leur promit que le gouverneur du lieu consulterait leurs prud'hommes dans l'exercice de ses responsabilités. Accorda-t-il trop de liberté à ses sujets? Si un «bourgeois» battait sa femme comme blé, le seigneur jurait de ne pas intervenir, sauf... si elle en mourait!

C'est au tout début du XVIIe siècle que les territoires faisant partie de l'actuel comté de l'Ain furent définitivement rattachés à la France. Dès lors, Montréal échappa à l'hégémonie des comtes et des ducs de Savoie. Henri IV ordonna la démolition du château: c'était une erreur stratégique, vu la proximité de la Franche-Comté, qui se trouvait sous domination espagnole. Louis XIII le fit reconstruire.

Ici se présente l'occasion d'un rapprochement entre le Montréal de l'Ain et celui du Québec. Au nombre des officiers des armées de Louis XIII figuraient plusieurs militaires dont les familles étaient d'origine écossaise. L'un d'eux, Antoine Douglas, après avoir servi en Hollande, devint le lieutenant du gouverneur du nouveau château de Montréal. Puis il passa en Italie et en Savoie dans la poursuite de sa carrière militaire, pour revenir en Bresse et en Bugey lorsque éclata la guerre entre la France et l'Espagne.

L'auteur de ces lignes a eu l'occasion de consulter les archives de l'actuel château de Montréal, où l'a accueilli la comtesse d'Ayguevives, née Douglas, décédée depuis. Elle était une descendante de ce Douglas; le nom de son père, le lieutenant Olivier de Douglas, tué au front dès 1914, figure en tête de tous ceux qui ont été gravés dans la pierre du monument érigé à la mémoire des Montréalais victimes de la Première Guerre mondiale.

La famille Douglas se transplanta d'Écosse en Bretagne à la suite des guerres sous Charles VII. Elle y demeura quelques générations, puis s'établit en Picardie. Au dire de l'historien écossais Buchanan, le plus lointain ancêtre identifié de cette lignée fut Sholto Douglas qui, en 770, porta aide à Solvatius, roi d'Écosse. Parce que la famille connut plusieurs migrations, ses membres eurent souvent à prouver leur noblesse. Tel fut le cas pour Pierre, le fils d'Antoine, mentionné plus haut. Ainsi, les Douglas constituent l'une des maisons de France qui possèdent la plus riche documentation sur leurs origines et leur filiation.

Pierre eut un fils, Charles, qui fut syndic de la noblesse du Bugey. De son mariage avec Marie-Anne Deli-

PROSPER , BARON DE DOUGLAS , MAJOR
AU REG.^t DE   LANGUEDOC.

1757.

François Prosper, baron de Douglas, major au régiment du Languedoc.
Portrait conservé au château de Montréal.

lia, il eut des fils, dont François Prosper, né à Montréal en
1725 et qui devait faire toute la guerre du Canada (1756-
1760).

En janvier 1755, alors que la Nouvelle-France constitue la plus importante colonie de Louis XV en Amérique,
l'Angleterre envoie deux régiments outre-Atlantique. Pour
faire échec à toute mauvaise surprise, la France dépêche
3 000 hommes à Québec; ce sont des compagnies des
régiments de Bourgogne, de la Reine, du Languedoc, de
Guyenne et de Béarn.

François Prosper, baron de Douglas, capitaine au
régiment du Languedoc, s'embarque avec celui-ci. Il ne
devait pas trouver l'occasion de se couvrir de gloire, mais
on note sa participation à plusieurs opérations militaires.

Dès l'année de son arrivée, on le trouve au lac
Saint-Sacrement (aujourd'hui lac George, État de New
York). En 1756, il est devant le fort Chouaguen (Oswego,
N.Y.), dont les forces françaises s'emparent. En 1758, il
subit une légère blessure à la glorieuse victoire du mar-

Louis de La Corne, sieur de Chaptes, capitaine d'infanterie.
Portrait conservé au château de Montréal.

quis de Montcalm à Carillon (Ticonderoga, N.Y.). L'automne suivant, il est fait chevalier de Saint-Louis.

En 1759, les Anglais assiègent Québec. Douglas fait partie d'un contingent chargé de s'opposer à leur débarquement, en face de la ville, à la pointe Lévy. Lorsque, le 13 septembre, les Anglais escaladent le cap aux Diamants et débouchent sur les plaines d'Abraham, Douglas commande un poste appelé Samos, d'où l'on canonne la flotte ennemie. Québec capitule.

Moins d'une vingtaine d'officiers des troupes régulières épousèrent des Canadiennes pendant cette guerre. François Prosper fut de ceux-là. Il conduisit à l'autel Charlotte de La Corne de Chaptes, fille du capitaine d'infanterie Louis de La Corne de Chaptes, seigneur de Terrebonne. Le jeune marié et son beau-père font partie du même régiment et le marquis de Montcalm les honore de sa présence au mariage. C'était le 13 avril 1757.

Au printemps de l'année suivante, François Prosper écrit à sa famille pour lui annoncer la naissance d'un fils.

Louis Archambaud, comte de Douglas, chevalier de Saint-Louis.
Portrait conservé au château de Montréal.

Celui-ci reçoit les prénoms de Louis Archambaud, et le sulpicien qui administre le baptême est nul autre que François Picquet, l'Apôtre des Iroquois, ainsi qu'on le surnomma. Nous retrouverons ce personnage plus loin, alors que nous visiterons Verjon.

En 1759 naît un deuxième fils, «le père absent», précise l'acte de baptême. Le capitaine participe sans doute à quelque opération aux frontières de la colonie, car l'étau se resserre sur celle-ci. Le 31 juillet, le garçonnet reçoit les prénoms de Luc Charles Sholto. On trouve les deux actes de baptême dans les registres de Notre-Dame de Montréal.

Après la capitulation de la Nouvelle-France, François Prosper rentre dans son pays avec sa famille. Il séjourne en Touraine où lui naît un troisième fils, puis va à Auch, où l'un de ses frères est vicaire général, afin de se remettre des fatigues de la longue campagne militaire à laquelle il a participé. Il servit plus tard en Corse, songea à venir se fixer dans la seigneurie de Terrebonne dont il avait hérité, un projet que le mauvais état de sa santé ne lui permit pas de réaliser, et décéda en 1781. On l'inhuma dans l'église de Nantua, ce qui étonne, car la famille Douglas avait sa chapelle dans l'église paroissiale.

La construction de celle-ci date du début du XVIIe siècle. Au-dessus d'une porte latérale, gravée dans un linteau, se lit l'année 1619 et se distinguent les armoiries des Douglas, que l'on retrouve dans le vitrail de la chapelle: «d'argent, au cœur de gueules, couronné d'or; au chef chargé de trois étoiles d'argent». Au XIIIe siècle, Jacques Douglas fut chargé de porter en Palestine le cœur de Robert Bruce, roi d'Écosse. C'est alors qu'un cœur sanglant surmonté d'une couronne royale s'ajouta à l'écu.

Une pierre tombale attire aussitôt l'attention:

> CI-GÎT
> Louis ARCHAMBAUD comte DOUGLAS
> Chevalier de la Légion d'Honneur
> Et de l'Ordre de St Maurice et de St Lazare du Piémont
> Né à Montréal en Canada
> le XVI mars MDCCLVIII
> Mort à Montréal en Bugey
> le XXIV février MDCCCXLII
> Il fut membre du Conseil Général
> sous l'Empire
> Membre de la Chambre des Députés
> MDCCCXV.
> La rectitude de son esprit
> la bonté de son cœur
> la loyauté de son caractère
> et la grâce de ses manières
> lui méritèrent l'affection
> et le respect
> de tous ceux qui l'ont connu
> DE PROFUNDIS

«De tous ceux qui l'ont connu»... Pas tout à fait: sauf d'un sien cousin. Le citoyen J.-B. Delilia de Croze siégea à l'Assemblée constituante depuis le début de la Révolution jusqu'en septembre 1791. Il dénonça le seigneur de Montréal parce que celui-ci s'était fixé à Lyon et, disait-il, se prétendait issu des rois d'Écosse. Le 2 avril 1793, on arrêtait Douglas et on l'incarcérait à Bourg-en-Bresse. Il était promis à la guillotine. Mais, deux jours avant la date fixée pour l'exécution, les paysans de Montréal se présentèrent en délégation auprès du tribunal révolutionnaire pour réclamer sa libération. On le ramena triomphalement à Montréal.

En 1812, par décret impérial, Napoléon nommait le comte de Douglas membre du Conseil général du département de l'Ain. Les honneurs se succédèrent: chevalier de Saint-Louis en 1816, chevalier du Lys en 1819 et, quatre années plus tard, chevalier de la Légion d'honneur.

Le personnage décéda en 1842. Vous ne trouverez la tombe du citoyen-cousin Delilia de Croze ni dans l'église ni dans le cimetière de la commune. Le lourd monument qui l'identifie se cache dans un épais rideau de frondaisons, au fond d'une combe, en arrière de l'église. Il avait demandé qu'on l'enterrât «debout, ses chiens à ses pieds, au son des tambours et de *La Marseillaise*, en présence d'héritiers vêtus de rouge».

Quant à l'autre Douglas, Luc Charles Sholto, personne ne savait ce qu'il était devenu, pas même sa famille. Intéressant défi à relever pour un chercheur et curieux. Après de patientes recherches aux Archives nationales, à Paris, nous avons pu reconstituer ses dernières années.

Pothier de Courcy, dans son *Histoire généalogique et chronologique de la Maison Royale de France*, et d'Hozier, dans son *Armorial général ou Registre de la Noblesse de France*, ne lui consacrent que quelques mots, et encore font-ils erreur en prétendant qu'il fut massacré à Paris, chez les carmes, en 1792.

Nous avons signalé, en passant par Sens, que plus d'une centaine de prêtres avaient été égorgés chez les carmes, dont André Grasset de Saint-Sauveur, également né au Montréal du Québec, et dont le collège André-Grasset rappelle la mémoire. En 1926, tous ces prêtres martyrs furent béatifiés. Au fond de la crypte des Carmes, rue de Vaugirard, à Paris, leurs noms ont été perpétués dans le bronze. Or, celui de Luc Charles Sholto de Douglas n'y figure pas. L'aurait-on oublié? nous sommes-nous demandé.

La double erreur mentionnée plus haut résulte de deux facteurs: le personnage a été égorgé la même nuit. Tonsuré, il avait été chanoine d'Auch et pourvu du prieuré commendataire de Bar-le-Duc, au diocèse de Toul, mais n'avait jamais accédé au sacerdoce.

En juillet 1790, l'abbé Mermet, curé de Montréal, lui donne un certificat d'honorabilité, déclarant qu'il s'est

Ce vitrail de la chapelle des Douglas en l'église de Montréal
s'orne des armoiries de la famille.

toujours conduit en excellent citoyen. Les officiers muni-
cipaux signent aussi le document.

Or, Douglas s'en va à Paris avec un objectif précis.
Il s'y place à la disposition de la police et procure tant de
satisfaction à l'administrateur de celle-ci, Perron, qu'il se
voit confier un poste de grande responsabilité: la garde
du château des Tuileries, où loge Louis XVI. Le 19 juin
1792, c'est chose faite: «Nous, maire et officiers munici-
paux au département de police, donnons au sieur Sholto
Douglas la commission d'inspecteur de l'intérieur du château des Tuileries.»

Transfuge, pensera-t-on, puisqu'il appartenait à une
famille qui, au fil des siècles, avait fidèlement servi tant
de rois de France. Double jeu: en fait, ce poste lui permettait de mieux servir les intérêts royaux. Il était, a-t-on écrit,
le chef de la police secrète de Louis XVI!

Certains facteurs suscitèrent des doutes à son endroit, car, le soir des massacres de Septembre 1792, il méditait derrière les barreaux de la prison de La Force, à Paris. Il avait été mêlé à une affaire de correspondance que le marquis de La Fayette craignait de voir révélée.

Au cours de la nuit sanglante mentionnée plus haut, le sabre vengeur de la populace ne faucha pas que chez les carmes: on vidait les prisons à la recherche de prévenus et de détenus soupçonnés de fidélité au roi. Luc Charles Sholto de Douglas fut de ceux que l'on égorgea. Plus d'un millier de prisonniers connurent le même sort.

Telles furent les carrières peu communes de deux personnages qui ont été... deux fois montréalais!

Commission d'inspecteur de l'intérieur du château des Tuileries accordée à Luc Charles Sholto de Douglas.
Ce document figure dans les Archives nationales de France, à Paris.

MONTRÉAL
commune de Plagne
AIN

Le département de l'Ain compte deux lieux-dits appelés Montréal. Même s'ils ne figurent plus sur les cartes et que l'un semble inaccessible par la route, nous ne saurions les ignorer. Alors, comment l'auteur de ces lignes en a-t-il appris l'existence? Grâce à un journaliste de *La Voix de l'Ain*, M. Émile Bocquillod, qui l'y a aimablement conduit.

L'un de ces lieux-dits est situé sur la commune de Plagne, dans l'arrondissement de Nantua, à environ 13 kilomètres à l'est-nord-est de cette ville. Depuis Nantua, la N 84 conduit à Moulin-de-Charix (4 km), où débute la D 49 vers Plagne; si l'on préfère demeurer sur la N 84, on peut emprunter, à Saint-Germain-de-Joux, la D 49[A] vers le nord. Depuis Nantua, la distance est sensiblement la même, mais la route nationale offre de meilleures conditions de conduite.

Nous sommes ici dans la plus haute chaîne du Jura. Jusqu'à il y a quelques années, une famille de paysans habitait le lieu-dit de Montréal, mais elle a quitté les lieux et il n'y subsiste plus qu'une maison abandonnée.

Il ne subsiste plus, au Montréal de la commune de Plagne, qu'une maison abandonnée.

MONTRÉAL
commune d'Aranc
AIN

Cet autre lieu-dit est situé au sud-sud-ouest de Mont-réal-La-Cluse. Depuis cette commune, la N 84, direction sud-ouest, atteint Mailhat après avoir croisé l'autoroute (6 km). Ici débute la D 31 vers Le Montoux (10 km). Au Montoux se présente, sur la droite, la D 21; empruntons-la jusqu'à Hauteville-Lompnès (13 km). Prenons-y, sur la droite, la D 8, direction nord-ouest; de celle-ci se détache (7,50 km), sur la gauche, la D 34 qui, dès après avoir franchi Rougemont, débouche sur Aranc.

Cette commune d'à peine 300 habitants est située dans le canton de Hauteville-Lompnès, arrondissement de Belley, et c'est une montagne qui porte le nom de Montréal. Là se forma l'un des premiers maquis de l'Ain, créé par le colonel Romans-Petit. Une stèle le rappelle,

C'est la montagne qui se dresse derrière le clocher de l'église communale d'Aranc qui porte le nom de Montréal et dont le sommet fut sans doute une crête d'importance stratégique.

au bord de la route. La région est si accidentée que les occupants devaient éprouver beaucoup de peine à repérer les maquisards!

Notons encore que, dans l'Ain, coule un ruisseau appelé Montréal, un affluent de l'Irance, à la limite de la Bresse et de la Dombes.

Dans les montagnes de la commune d'Aranc se forma l'un des premiers maquis de l'Ain au cours de la Deuxième Guerre mondiale.

LE MAS-RILLIER
commune de Miribel
AIN

Au premier abord, on ne croirait pas visiter un Mont-réal. Pourtant, c'est de cette ancienne appellation que découle l'actuelle. Les vieux actes notariés le démon-trent: au fil des siècles, Montréal devint Montrill, puis Marill, puis Marillé, et, enfin, Mas-Rillier, peut-être par analogie avec le mas provençal.

Le Mas-Rillier est situé sur la commune de Miribel, à une dizaine de kilomètres seulement de Lyon, sur la N 84, qui, nous l'avons déjà signalé, relie cette dernière ville à Genève, en passant par Montréal-La Cluse et Nantua.

Il subsiste quelques vestiges de l'ancien château fort qui faisait de ce lieu un poste stratégique, notamment les restes d'une tour de garde et des fragments de l'enceinte,

Depuis l'ancienne enceinte du château de Montréal, au Mas-Rillier, l'œil embrasse la plaine environnante, banlieue de la ville de Lyon.

Seul vestige important de l'ancien château,
une tour de garde qui doit se sentir bien inutile!

d'où l'œil embrasse la plaine environnante. On a retrouvé
ici et là des «boulées», ces pierres sphériques dont on
garnissait les chemins de garde afin de les laisser tomber
sur d'éventuels envahisseurs. Elles étaient grossière-
ment taillées et comportaient deux méplats qui donnaient
des rebonds imprévisibles à leur trajectoire. L'un d'eux
leur assurait une stabilité provisoire au sommet des rem-

L'une des «boulées» qui garnissaient les chemins de garde.
Les méplats de ces pierres sphériques donnaient d'imprévisibles rebonds
à leur trajectoire.

parts. D'ailleurs, le sentier muletier qui montait de Miribel au mont Réal s'appelait justement «chemin des Boulées».

Jusqu'en 1975 existait, en bordure du plateau, dominant la plaine et la vallée du Rhône, une maison construite au milieu du XVIe siècle par l'archevêque de Lyon pour la perception des dîmes qui lui étaient destinées sur les récoltes. Le titulaire du siège archiépiscopal y fit des séjours l'été, et Pierre IV d'Épinac s'y réfugia en février 1594 alors qu'une émeute venait d'éclater contre lui à Lyon. C'était l'époque des guerres de Religion, et il

Cette borne indiquait la ligne mitoyenne entre la seigneurie de Miribel et le duché de Beaujeu.

était un partisan acharné des ducs de Guise et de la Ligue. En 1600, il refusa l'entrée de Lyon à Henri IV, mais les bourgeois ouvrirent les portes de la ville malgré lui.

Cette maison tomba sous le pic des démolisseurs en 1975. Elle s'ornait d'une pierre comportant une mitre placée sur un écu et l'inscription:

> Maison du Mont Réal
> 1553
> Nostra Lano Unicat Vivet[1]

---

1. Notre gloire seule vivra.

Cette autre, portant le millésime 1326 et ornée des clefs de la seigneurie de Miribel, a été transformée en fontaine.

Cette date de 1553 correspond, pour ce «pays», à l'avènement, au duché de Savoie dont il faisait de nouveau partie après une occupation française d'une trentaine d'années sous François Ier, d'Emmanuel-Philibert, dit Tête de fer, ou encore «le Prince aux cent yeux». Celui-ci fit relever les fortifications de Miribel et, en 1559, il épousait Marguerite de France, fille aînée de François Ier, de sorte qu'il établit d'excellentes relations avec la France. Il entra aussi en bons termes avec l'archevêché de Lyon qui, depuis trois siècles, était à couteaux tirés avec les prédécesseurs d'Emmanuel-Philibert, la famille de Beaujeu et les ducs de Savoie.

Dans un jardin privé existe encore une fort ancienne borne qui indiquait la ligne mitoyenne entre la seigneurie de Miribel et le duché de Beaujeu; elle porte d'un côté les clefs de Miribel, et, de l'autre, un glaive, symbole du duché de Beaujeu. Tout près de cette borne s'en trouve une seconde, portant le millésime 1326, rappelant un accord de délimitation entre les deux seigneuries. Elle porte elle aussi les clefs de la seigneurie de Miribel.

Le principal attrait touristique du Mas-Rillier est son sanctuaire de Notre-Dame-du-Sacré-Cœur, que domine une Vierge monumentale: 38 mètres! C'est, dit-on avec orgueil aux visiteurs, la plus haute statue du monde. Cette altière sculpture, conçue par l'artiste G. Serraz, est un véritable défi au gigantisme nord-américain. Elle s'accompagne d'un campanile implanté un peu en contrebas,

À elle seule, la base de la statue a la taille d'un petit pavillon.

mais tout aussi impressionnant, et qui abrite 49 cloches et 1 bourdon. L'inauguration du sanctuaire eut lieu en octobre 1938. Quelques mois plus tard, il fallut descendre le carillon et le cacher soigneusement afin de le soustraire à la convoitise de l'occupant.

Cette Vierge se dresse là où se trouvait le premier château du Mont-Réal, érigé, croit-on, en l'an 58 avant Jésus-Christ, après la victoire de Jules César sur les Helvétiens, et reconstruit au XIIIe siècle par les sires de Beaujeu.

Cette Vierge monumentale serait la plus haute statue du monde: 38 mètres!

* *
*

AUTRES POINTS D'INTÉRÊT

Pour atteindre Montréal-La Cluse, nous sommes passés par BOURG-EN-BRESSE. C'est une ville qui vaut plus qu'une simple visite. Elle possède des monuments d'un grand intérêt, notamment l'église et le monastère de Brou. Celui-ci abrite, autour de ses cloîtres à étages, le musée de l'Ain, où l'on a reconstitué un intérieur bressan, dont le mobilier est caractérisé par le bois moucheté de la loupe de noyer. Quant à l'église, de style gothique flamboyant, l'une des merveilles artistiques de France, elle date du XVIe siècle, et l'on a écrit à son sujet que son raffinement tient presque du délire.

Cette église aux trois nefs possède un extraordinaire jubé et trois tombeaux en marbre blanc richement décorés: ceux de Philibert le Beau, oncle de François Ier, de sa mère, Marguerite de Bourbon, et de sa veuve, Marguerite d'Autriche. C'est celle-ci qui fit ériger l'église.

Nous sommes ici dans la capitale de l'ancienne Bresse, devenue chef-lieu du département de l'Ain. Pendant la belle saison, elle se distingue par ses squares, ses places et ses carrefours abondamment fleuris, où trône généralement une énorme volaille, fruit d'un montage réalisé par le personnel des serres communales, car c'est une étape gastronomique où, comme il se doit, le réputé poulet de Bresse est roi.

La ville est justement fière de son église Notre-Dame (XVIe s.), de sa porte des Jacobins (1437) et de ses hôtels anciens. Voir, au 26 de la rue Bourg-Mayer, la maison où serait né François Picquet, l'«Apôtre des Iroquois», dont nous évoquons plus loin le rôle qu'il joua en Nouvelle-France.

Au nord-ouest et au nord-est de Bourg-en-Bresse, deux communes évoquent la mémoire de sulpiciens qui ont joué un rôle important en Amérique française. L'un a fondé Baie-d'Urfé, une municipalité de l'île de Montréal, sur les bords du lac Saint-Louis, et l'autre, le fort de La Présentation, devenu la ville d'Ogdensburg, dans l'État de New York, après avoir fait reconstruire en pierre le fort d'Oka.

Si, en roulant vers le sud, on quitte la N 6 ou l'autoroute A 6 à Mâcon, la N 79 conduit à Bourg-en-Bresse, ainsi que nous l'avons précédemment indiqué (34 km). Peu après avoir emprunté cette route (à 7 km de la N 6

Monument à la mémoire du célèbre astronome Joseph Jérôme Lefrançois de Lalande, fils de Bourg-en-Bresse et ami du sulpicien Picquet.

et à 10 de l'A 6) se présente, sur la gauche, la D 28 qui, un peu plus loin (4 km), atteint BÂGÉ-LE CHÂTEL, où naquit François-Saturnin Lascaris d'Urfé.

Ce personnage était apparenté à la maison de Savoie, de même qu'à la maison grecque de Lascaris, qui avait jadis occupé le trône de Constantinople. Entré au séminaire Saint-Sulpice de Paris et ordonné prêtre cinq ou six ans plus tard, il entendit l'appel des missions de la Nouvelle-France et arriva à Québec en 1668 pour y exercer son ministère. Il œuvra pendant quatre ans auprès des Iroquois des Grands Lacs, puis remplaça son confrère, François de Salignac de La Mothe-Fénelon, le demi-frère du célèbre évêque de Cambrai, à la direction de la mission de Gentilly, qui était située dans l'île de Montréal, face au lac Saint-Louis, là où la ville de Dorval se trouve de nos jours.

Il devait encourir les foudres de l'irascible gouverneur de Frontenac pour avoir voulu défendre son confrère mentionné plus haut, et tous deux repassèrent en France en 1674. Il n'eut aucune difficulté à convaincre Colbert de sa bonne foi, d'autant plus que le fils du ministre venait d'épouser la cousine germaine du missionnaire.

M. Lascaris d'Urfé revint dans la colonie en même temps que le deuxième évêque de Québec, Mgr de Saint-Vallier. C'est pendant ce deuxième séjour qu'il devint premier curé résident de Saint-Louis-du-Haut-de-l'Isle. À cette époque, la chapelle du fief de Bellevue (qui a donné son nom à Sainte-Anne-de-Bellevue) se trouvait au bout d'une pointe portant le nom d'un des premiers colons: la pointe à Caron. Le hameau qui s'y forma allait devenir l'actuelle municipalité de Baie-d'Urfé. En 1961, à la demande du maire de cette localité, le général de Gaulle lui fit expédier des pierres provenant des vestiges du château des Cornes-d'Urfé, qui était celui de la famille au Moyen Âge; elles ont été incorporées à une stèle érigée à la mémoire du fondateur.

Après son retour en France en 1688, le doyenné du Puy lui fut assigné, puis il reçut l'abbaye de Saramon, au diocèse de Limoges, ce qui lui donna le titre de seigneur d'Uzerche. Il se retira plus tard dans son château de Bâgé, et, lorsqu'il mourut en 1701, ses restes furent déposés dans les voûtes funéraires de l'Hôtel-Dieu, devenu un hospice. Depuis 1962, une plaque de bronze offerte par la ville de Baie-d'Urfé rappelle la mémoire du missionnaire dans la chapelle de cette institution.

On peut encore voir, à Bâgé-le-Châtel, l'imposante tour carrée de l'ancien château où il avait vu le jour.

* *

*

Continuons sur la D 28. Elle atteint Montrevel-en-Bresse (19 km), où elle croise la D 975, pour passer ensuite (14 km) sous la N 83 à Moulin-des-Ponts. VERJON est juste au-delà (4 km). C'est la petite patrie du sulpicien François Picquet, qui joua un rôle important au cours des dernières années de la Nouvelle-France.

Il est né à Verjon en 1708. Ordonné prêtre au séminaire Saint-Sulpice, à Paris, au printemps de 1734, il arrivait à Montréal la même année pour y exercer le ministère paroissial tout en se familiarisant avec les langues amérindiennes. À partir de 1739, il œuvre sur les bords du lac des Deux Montagnes, à Oka.

Au contact des autochtones, il forme le projet de rallier les Iroquois de la région des Grands Lacs à la cause de la France. Sa tentative connaît tant de succès que l'intendant Hocquart lui décerne le titre d'«Apôtre des Iroquois».

Ses nouvelles ouailles, il souhaite les domicilier, sans doute autant pour les garder dans le giron de la France que pour les évangéliser. Le gouverneur de La Galissonnière approuve le projet avec enthousiasme et lui confie le soin de trouver à cette fin un endroit propice; il en informe aussitôt le comte de Maurepas, ministre de la Marine. C'est ainsi qu'en 1749 il fonde le poste d'Oswegatchie (La Présentation), qu'il fait enclore de palissades. Coïncidence? Les Cinq-Nations songent à répudier leur alliance avec les Anglais. Le sulpicien ne devait pas être étranger à cette attitude, car il était aussi bon ambassadeur que dévoué missionnaire.

Mais il ne dispose pas de suffisamment de moyens pour la poursuite de son objectif, et il passe en France avec trois Iroquois afin de s'adresser directement à la cour. Le roi ne se montre pas très généreux, mais le missionnaire revient dans la colonie plus grouillant que jamais, fier de participer à des actions militaires, car les hostilités ont été déclarées entre la France et l'Angleterre.

Le célèbre astronome Lefrançois de Lalande, un fils de Bourg-en-Bresse qui le connaissait bien, écrit de lui qu'il «valait mieux que dix regimens». Il ajoute, ce qui nous semble découler davantage de l'amitié que de la vérité, que lorsqu'il passait par Québec, Trois-Rivières et Montréal, on lui rendait les honneurs militaires.

En tout cas, il ne «désarmait» pas. En qualité d'aumônier militaire, il participe aux opérations contre les forts
Bull et Chouaguen. Il guide lui-même les Amérindiens au
cours de l'éclatante victoire remportée par Montcalm à
Carillon.

Au moment où Montréal va capituler, en 1760, François Picquet part in extremis, car les Anglais ont mis sa
tête à prix, et, après 4 000 kilomètres d'un voyage difficile,
il atteint La Nouvelle-Orléans au printemps de 1761!

C'est dans sa Bresse natale qu'il finit ses jours; il fut
pendant trois ou quatre ans curé de Verjon, puis aumônier
des visitandines à Bourg-en-Bresse. Il décéda à Verjon
en 1781 et fut inhumé près de l'église. Il avait lui-même
rédigé l'épitaphe de ses parents, dans l'église, bien qu'ils
l'eussent déshérité, sans doute parce qu'ils ne lui pardon-
naient pas de les avoir délaissés pour la cause du roi en
Amérique.

Le 12 juillet 1981, nous avons eu le plaisir, au nom
de la Délégation générale du Québec, d'inaugurer une
plaque apposée au mur nord de l'église de Verjon, à
l'occasion du deuxième centenaire de la naissance de
l'«Apôtre des Iroquois»; on avait eu la délicate pensée de
la voiler d'un drapeau du Québec emprunté au maire de
Montréal-La Cluse, qui l'avait reçu en cadeau de Me Jean
Drapeau, son homologue du Montréal québécois.

À Verjon, près de la mairie, existe toujours une maison portant le millésime 1759 et donnée à la municipalité
par le sulpicien et sa sœur pour en faire une école, un
projet qui ne vit pas le jour à cause de la Révolution. Par
la suite, le bâtiment servit d'hôpital pendant plus d'un
siècle, puis la propriété devint une colonie de vacances
pour les jeunes de Lyon. On trouve également sur le
territoire de la municipalité le château de La Verjonnière,
où habita une nièce du sulpicien, Marie-Geneviève Picquet, épouse du tabellion André Louis Prud'homme.

Enfin, à Villemotier (4 km à l'ouest de Verjon) existe
aussi le château Picquet, celui de sa famille, devenu un
restaurant. D'ici, la N 83 conduit à Bourg-en-Bresse
(16 km).

À Ogdensburg, N.Y., un obélisque de granit, haut de
12 mètres, rappelle l'établissement du fort de La Présentation. On peut voir l'ancienne pierre angulaire du poste
dans un corridor de l'Hôtel de Ville.

*   *

*

Nous nous en voudrions de ne pas signaler qu'en quittant la commune de Miribel, où se trouve le lieu-dit du Mas-Rillier, nous ne sommes qu'à une dizaine de kilomètres du centre de LYON, l'une des trois grandes villes de France. Depuis plusieurs années, un pacte d'amitié l'unit au Montréal du Québec, ce qui a stimulé de nombreux échanges dans les domaines scientifique et culturel, notamment en chirurgie cardiaque.

L'ancienne capitale des Gaules est si riche en monuments et autres attraits qu'un simple résumé de ses caractéristiques dépasserait le cadre du présent guide. Du haut de la colline de Fourvière, qui porte un théâtre romain de plus de 10 000 places, on obtient une splendide vue panoramique de la ville. Près de la basilique Notre-Dame de Fourvière habite le primat des Gaules. Les aînés se souviennent de la mémorable visite du cardinal Gerlier au Québec, en 1947, alors qu'il avait subjugué les auditoires par sa remarquable éloquence, lui qui, alors jeune avocat, avait pris la parole après la cinglante intervention d'Henri Bourassa au grand congrès eucharistique de Montréal (1910).

La communauté urbaine de Lyon compte plus d'un million d'habitants. On ne saurait que s'y arrêter en passant, tant son patrimoine est riche.

* *
*

La rose *Montréal*

Puisque nous avons atteint la région lyonnaise, comment ne pas souligner qu'ici ont été conçues deux roses, fruits d'une savante hybridation: la *Québec* et la *Montréal*?

C'est d'ailleurs en poursuivant notre visite des Montréal de France depuis Lyon, par la N 7, que nous pourrons nous arrêter là où la *Montréal* a vu le jour sous l'habile «paternité» de l'un des rosiéristes les plus réputés de France, Jean Gaujard.

Au sortir de Lyon, la N 7 croise la D 3, en direction du sud. Peu après (6,50 km), elle traverse FEYZIN, une commune de quelque 4 000 habitants. Ici se trouvent les jardins d'horticulture Gaujard.

En France, Gaujard et horticulture sont synonymes depuis de nombreuses générations. Pierre Gaujard assuma l'entretien floral des jardins de Versailles pendant un demi-siècle, sous la direction du célèbre André Le Nôtre, et lorsqu'il prit sa retraite, en 1698, le Roi-Soleil voulut reconnaître sa compétence en lui octroyant un blason. Ses descendants devaient s'en montrer dignes en figurant parmi les premiers pépiniéristes de France. C'est l'un d'eux, Claude, qui songea à ombrager les routes de rangées de platanes afin de les doter de rafraîchissantes frondaisons; sa première expérience en ce domaine, entre Châteauroux et Montluçon, lui valut l'appui financier de Napoléon Ier.

Claude Gaujard est l'arrière-grand-père de Jean, le créateur de la *Montréal*, dont l'auteur de ces lignes, à la suite d'un concours de circonstances, est devenu le «parrain».

En toute proche banlieue de Paris, à L'Haÿ-les-Roses, existe une roseraie maintenue non seulement pour le plaisir des yeux mais comme conservatoire des roses anciennes soigneusement étiquetées à l'intention des visiteurs. Comment résister au désir de savoir pourquoi l'un des rosiers, chargé de fleurs jaune soleil, porte le nom de *Québec*?

Une visite à Feyzin en réserve la surprise. Jean Gaujard est l'un des premiers rosiéristes de France: quelque 250 parchemins et médailles l'attestent, dont une vingtaine de médailles d'or des concours de Bagatelle. En 1979, la Société française des Roses n'a-t-elle pas choisi sa *Pénélope* comme l'une des trois grandes roses du siècle?

Au moment où éclata la Deuxième Guerre mondiale, Jean Gaujard venait de créer une nouvelle rose; il en avait expédié des plants à des horticulteurs de Newark, près d'Albany, N.Y., lorsque, par suite de l'occupation allemande, toute communication devint impossible entre la France et l'Amérique. Il lui donna le nom de *Québec* parce que, dit-il, il avait le sentiment qu'un jour viendraient d'outre-Atlantique, pour libérer l'Europe de l'Ouest, des régiments dont certains seraient francophones et levés dans la vallée du Saint-Laurent.

Vers le même moment, les horticulteurs de Nouvelle-Angleterre lançaient la nouvelle rose et lui choisissaient un nom bien français: *Madame-Marie-Curie.* C'était une double «personnalité» aussi insolite en ce qui a trait aux règles régissant l'identification des fleurs que les conditions de cette période si perturbée.

Au moment où Jean Gaujard évoquait ces souvenirs, l'auteur de ces lignes zieutait une rose solitaire, rouge clair, déposée sur un guéridon.

— Et celle-ci, elle s'appelle comment?

— Elle n'a pas encore de nom, c'est ma plus récente création.

— Puis-je me permettre une suggestion? L'année dernière, les Floralies internationales ont été tenues à Vincennes. Cette année, elles auront lieu au Québec, à Montréal, pour la première fois en Amérique du Nord. Pourquoi ne pas donner le nom de *Montréal* à la benjamine de vos créations?

Aussitôt proposé, aussitôt accepté. Et c'est ainsi que la *Montréal* devint la fleur officielle des Floralies de 1980. Le 12 mai de cette année-là, son créateur la présentait au maire de Montréal, Me Jean Drapeau, à Montréal même, au salon du Printemps de l'hôtel Le Quatre-Saisons.

Ajoutons, pour l'anecdote, que la sémillante *Montréal* n'aurait jamais aspiré au mérite d'offrir une élégante solution à un problème philatélique.

Les autorités postales canadiennes n'avaient pas jugé que ces Floralies internationales méritaient la conception d'un timbre qui leur fût consacré. Quand elles se rendirent compte qu'elles avaient eu tort, elles envisagèrent une «solution» de dernier recours: puisqu'un nouveau timbre émaillé de fleurs était en voie de production pour célébrer les jardins, pourquoi ne pas inscrire, dans la marge des pages, la mention «Floralies de Montréal»? Le maire de Montréal sursauta fort justement: jamais, dans l'histoire de la philatélie, n'avait-on eu recours à cette formule pour marquer un événement ou un anniversaire! Dépité, le ministre des Postes intervint rapidement, et c'est ainsi que, le 22 juillet 1981, avait lieu à Montréal la cérémonie de lancement d'un nouveau timbre consacré à la filleule du signataire de cet ouvrage, la rose *Montréal.*

Les Floralies de Montréal avaient eu lieu l'année précédente, mais peut-être est-ce vrai qu'il n'est jamais trop tard pour bien faire!

MONTRÉAL-EN-VIVARAIS

ARDÈCHE

La N 6 et l'autoroute A 6 se terminent à Lyon, mais la N 7 et l'autoroute A 7 en constituent le prolongement vers le sud. Nous emprunterons l'une ou l'autre, au choix, jusqu'à Montélimar pour y aborder l'Ardèche. La distance est sensiblement la même (approximativement 135 km).

Un peu plus qu'à mi-chemin se présente l'occasion de deux étapes, si l'on souhaite prendre quelque repos: Tournon et Valence.

TOURNON possède un château datant des XVe et XVIe siècles, reconstruit sur les ruines d'une forteresse féodale. Depuis sa terrasse, on a une vue remarquable sur l'ensemble de la ville et la vallée du Rhône. Le lycée de Tournon est l'un des plus intéressants bâtiments scolaires d'autrefois: son portail est Renaissance et la façade de sa chapelle, de style jésuite.

À peu de distance du Montréal-en-Vivarais se trouve le château de Versas, construit au milieu du XVe s.

VALENCE s'enorgueillit de sa cathédrale Saint-Apollinaire (XIe et XIIe s.), de même que de sa Vieille Ville, notamment de sa Grand-Rue, où se voit la maison dite des Têtes (1532), avec sa cour et ses médaillons sculptés.

C'est donc à MONTÉLIMAR, la capitale du nougat, que l'on quitte la route ou l'autoroute, selon le cas. Son château féodal (XVe s.) est constitué d'un donjon (XIIe s.) flanqué de tours, et ses remparts, que domine la tour Narbonne (24 m de hauteur), n'ont pas résisté aux attaques pendant les guerres de Religion: la ville fut prise par Coligny (1562), La Suze (1585) et Lesdiguières (1587). Quant au nougat, Montélimar le doit à l'agronome Olivier de Serres, qui introduisit dans la région la culture des amandiers.

Depuis Montélimar, la N 540 conduit au Buis-d'Aps (commune d'Alba), où débute la N 102 (16 km depuis le centre de Montélimar). Empruntons celle-ci jusqu'à Aube-

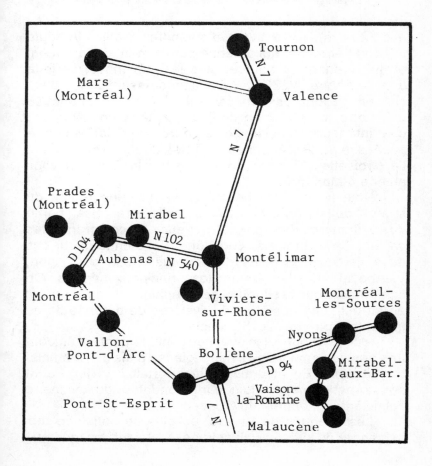

Il reste deux des trois tours carrées qui défendaient le château.
La région était convoitée à cause de ses filons argentifères.

nas (28 km); juste avant d'atteindre la ville, la route
franchit l'Ardèche, qui a donné son nom au département
et qui, prenant sa source dans les Cévennes, se jette
dans le Rhône. AUBENAS est un intéressant centre d'excursion; sa forteresse massive (XIIe et XVe s.), flanquée
de quatre tours et d'un donjon, possède une élégante
cour intérieure Renaissance entourée de galeries super-
posées. À partir d'Aubenas, la D 104, direction sud, atteint
La Croisette (15 km), où se détache la D 5, qui vous
amène à Montréal.

 Nous voilà donc dans le Vivarais, une région du
sud-est de la France qui, il y a un millénaire, faisait partie
du royaume de Bourgogne-Provence et comprenait les
vallées de la Saône et du Rhône. Échelonnées sur ces
deux fleuves, les villes de Tournus, Besançon, Lyon,
Vienne et Arles en étaient les principaux centres. On
comprendra que la situation géographique de ce Montréal
en ait fait l'une des clefs du système de défense de ce
grand territoire dès le XIIe siècle.

 À cette époque, les évêchés constituaient les épicen-
tres non seulement de la vie religieuse mais de l'adminis-
tration civile. En Vivarais, l'évêché était à Viviers, dont
nous reparlerons plus loin, car le fondateur du séminaire
sulpicien du Montréal du Québec y a œuvré.

 Les évêques de Viviers, en plus de satisfaire aux
exigences de leur mission spirituelle, étaient des féodaux,

c'est-à-dire des seigneurs, riches possesseurs de terres. Au premier abord, cette cohabitation de responsabilités peu convergentes a peut-être de quoi étonner, mais, pour en juger, il faut se reporter aux conditions de l'époque.

Alors que les petits seigneurs se harcelaient sans cesse, qu'ils se succédaient rapidement sur leurs terres, souvent, à la faveur de mariages, leurs censitaires subissaient les contrecoups de ces changements d'allégeance, avec tout ce que cela comportait d'insécurité.

Les évêchés, eux, assuraient la stabilité dans la continuité. En ces temps rudes, donc, il faisait bon «vivre sous la crosse». Non seulement les seigneurs ecclésiastiques, face aux prétentions turbulentes des petits barons qui se disputaient des morceaux de territoire, évitaient-ils une ribambelle de désagréments aux roturiers, mais ils disposaient, en cas de litige, d'une arme redoutable: le recours au pape.

On peut attribuer à cette situation privilégiée le fait que le Vivarais a longtemps vécu sous le signe d'une paix relative. Ainsi, on n'y trouve à peu près pas, de nos jours, de fortifications romanes antérieures au XIVe siècle.

Un spécialiste de l'architecture du Vivarais, Michel Joly, estime que les tours carrées de Montréal remontent à la toute fin du XIIe siècle, et plus sûrement au XIIIe, leur structure militaire s'apparentant, par leurs pierres taillées en pointe à diamant, à celle d'Aigues-Mortes, cette cité

Les imposants vestiges de la place forte semblent faire corps avec la crête qu'ils coiffent.

moyenâgeuse érigée au XIIIe siècle sur les ordres de saint Louis.

Les limites de l'actuel département de l'Ardèche correspondent approximativement à celles du Vivarais, ce «pays» de l'ancienne France que des phénomènes volcaniques ont doté de petits massifs et de torrents méditerranéens.

Le Montréal de l'Ardèche est situé tout près de Largentière, dans le canton de ce nom. Cette dernière commune, de quelque 2 000 habitants, doit son appellation à un dépôt de sulfure de plomb, de couleur bleuâtre, contenant une proportion de minerai d'argent que les Romains, dit-on, avaient appris à extraire.

Plus tard, les Sarrasins voulurent tirer profit de ces gisements, et ceux-ci continuèrent, au fil des siècles, à susciter la convoitise, tant et si bien qu'au début du XIIIe siècle l'évêché de Viviers voulut assurer la protection du territoire, et c'est ce qui amena la construction du château fortifié de Monte Regali (Mont Royal), qui portait déjà ce nom en l'an 1210. À cette époque, l'extraction du minerai se poursuivait activement, comme en témoigne un haut-relief conservé à la mairie de Largentière, montrant des ouvriers procédant au concassage de la galène argentifère.

Le château était défendu par trois tours carrées et il en reste deux: la Grande Tour et la tour Tourasse. Ici et là subsistent des fragments de l'enceinte à mâchicoulis. Ces imposants vestiges semblent faire corps avec la crête qu'ils coiffent.

Dès le XIIIe siècle, une famille y prit le nom de Montréal, mais une autre lui succéda tôt par le mariage de Valette de Montréal avec Albert II de Balazuc, en 1345. Balazuc est un pittoresque village fortifié dominant l'Ardèche, à proximité de Montréal (10 km).

Les Balazuc, que nous retrouverons plus loin, à Mirabel, demeurèrent propriétaires du château jusqu'au XVIIe siècle. Au moment où la famille l'avait obtenu, le sud du Vivarais avait été rattaché à la France (1307) par Philippe IV le Bel. Même si le protestantisme s'implanta solidement dans la région au XVIe siècle, il ne semble pas que le château de Montréal ait été occupé, ni même assiégé. Aux XVIIe et XVIIIe siècles, il passa successivement à trois familles: les Hautefort de Lestrange, les Merle de Lagorce et les Beauvoir du Roure, comtes de Brisson.

De nombreux torrents hachent la topographie tourmentée de l'Ardèche.
De solides et pittoresques ponts de pierre les enjambent.

Sous la Terreur (1793), on voulut, comme dans le cas du Montréal de l'Yonne, changer le nom de la commune pour le dépouiller de toute teinte royaliste, et les sans-culottes choisirent la nouvelle appellation de Mont-Libre, mais elle ne fit pas long feu quand la sérénité se réinstalla.

En arrivant à Montréal, des terrasses aménagées à flanc de colline, retenues par des murs de pierre, témoignent du souci que l'on avait jadis de créer des parcelles cultivables. Un quartier moderne s'est développé sous les murs du château, mais ici les matériaux légers n'entrent pas dans la structure des pavillons familiaux. C'est la pierre qui continue de régner, conférant à la commune un cachet de solide pérennité.

MONTRÉAL
commune de Prades
ARDÈCHE

Pour atteindre Montréal-en-Vivarais, nous sommes passés par Aubenas. Tout près de cette ville existe un hameau appelé Montréal, sur la commune de Prades. Malheureusement, il n'y subsiste pas de vestiges des ouvrages défensifs qui, sans doute, coiffaient autrefois ce lieu. Nous ne le mentionnons ici qu'à des fins documentaires. D'Aubenas, la N 102 jusqu'à Lavelade (8,50 km) puis la D 19 (1,50 km) conduisent à Prades.

Le château de Mont-Sévigny, à Prades.

MONTRÉAL
commune de Mars
ARDÈCHE

Par ailleurs, il existe un troisième Montréal dans ce même département, non loin de Saint-Agrève. En roulant vers Montélimar, soit sur la N 7, soit sur l'autoroute A 7, nous sommes passés par Valence. Juste avant d'y arriver se présente, sur la droite, la D 533, une route aussi pittoresque que sinueuse qui conduit à Lamastre (36 km), puis à Saint-Agrève (21 km). Le hameau de Montréal se trouve sur la commune voisine de Mars (moins de 7 km par la D 21).

Le *castrum* de Montréal existait dès le milieu du XVe siècle, et le lieu était déjà habité depuis longtemps, car, deux siècles plus tôt, son seigneur, Adhémar de Beaudiner, en rendait hommage à l'évêque de Puy (Le Puy-en-Velay), aujourd'hui préfecture du département de Haute-Loire, dont la cathédrale, Notre-Dame-du-Puy, est un très

Aspect du hameau de Montréal, sur la commune de Mars.

Seule une borne perdue dans un champ indique l'emplacement de
l'ancien *castrum*.

bel édifice roman à influence orientale: six coupoles en
recouvrent la nef.

Les pierres de l'ancien château de Montréal ont servi
à la construction de maisons, et le vaste panorama qui
s'offre depuis le hameau démontre que, du haut des
anciens chemins de ronde, les sentinelles pouvaient sur-
veiller de près la campagne environnante.

Il semble que les pierres du vieux château du XVe siècle
ont servi au revêtement de maisons du hameau.

*   *
*

Nous avons déjà mentionné l'influent évêché de Viviers. Son siège est devenu VIVIERS-SUR-RHÔNE, une commune de quelque 3 500 habitants.

Dès après avoir franchi le Rhône par la N 540, au départ de Montélimar, vers Aubenas et Montréal-en-Vivarais, s'est présentée, sur la gauche, la N 86, qui longe la rive droite du fleuve. Empruntons-la jusqu'à Viviers (9,50 km).

Cette ville épiscopale se dresse sur un rocher isolé dominant le Rhône. Sa cathédrale Saint-Vincent, d'origine romane, est rattachée par un portique à une tour qui lui sert de clocher et qui date du XIVe siècle. Derrière le chevet se déroule un splendide panorama. Les rues, souvent escarpées, sont bordées de maisons anciennes. Mentionnons particulièrement celle dite des Chevaliers (XVIe s.), et de beaux hôtels de style Louis-XV qui ornent la place de l'Hôtel-de-Ville.

Mais le visiteur québécois voudra surtout voir l'ancien séminaire, car Viviers et le Montréal du Québec ont en quelque sorte un héritage commun dans le domaine de la formation sacerdotale.

Lorsque Jean-Jacques Olier jeta les bases de son séminaire Saint-Sulpice, à Paris, en 1641, son principal objectif était de préparer des prêtres destinés aux missions. L'un de ses premiers adjoints les plus actifs fut Gabriel de Thubières de Queylus, issu d'une famille seigneuriale du Rouergue. Devenu abbé de Loc-Dieu, il avait fait ses études à Paris; élevé à la prêtrise en 1645, il s'était vu décerner le titre de docteur en théologie. L'année suivante, la Société de Notre-Dame de Montréal l'admettait au nombre de ses membres; celle-ci, en 1641, avait chargé Paul de Chomedey, sieur de Maisonneuve, d'établir le poste de Ville-Marie, dans l'île de Montréal.

M. de Queylus fut l'instrument privilégié de M. Olier dans l'expansion de sa congrégation: en l'espace de dix ans, il établit quatre séminaires sulpiciens, dont celui de Viviers, en 1650. De cette année jusqu'en 1656, il résida dans le Vivarais, occupant notamment la cure de Privas et s'employant à la conversion des protestants.

Le bel édifice de l'ancien séminaire de Viviers que l'on voit de nos jours ne date pas du XVIIe siècle, mais, place Saint-Jean, on vous indiquera un immeuble vétuste

L'ancien séminaire de Viviers est un fort bel édifice. M. De Queylus,
qui a été à l'origine de sa fondation, a aussi établi celui de notre Montréal.

désigné populairement comme l'«ancienne maîtrise».
C'est ici que M. de Queylus établit le premier séminaire.

En 1656, on le rappelle à Paris: c'est à lui que l'on a
songé pour doter Ville-Marie d'un séminaire. Il en fut le
premier supérieur. Quand le moment vint de donner à la
Nouvelle-France son premier évêque, c'est sur lui qu'on
jeta les yeux, mais les jésuites préféraient un candidat de
leur choix, car ils dirigeaient la petite Église canadienne
depuis un quart de siècle, et c'est à François de Laval que
l'on confia le poste.

Les séminaires de Viviers et de Montréal eurent donc
le même fondateur. M. de Queylus avait également établi
de semblables institutions à Rodez, à Nantes et à Cler-
mont avant de franchir l'Atlantique.

* *
*

Après avoir visité Montréal-en-Vivarais s'offre un
itinéraire dont on garde longtemps le souvenir. Plutôt que
de revenir sur les bords du Rhône par les routes que nous
avons empruntées pour visiter cette commune, aussi bien
suivre les gorges de l'Ardèche. Cela conduit d'ailleurs à
Pont-Saint-Esprit, d'où, après avoir franchi le Rhône, on
poursuit vers l'est jusqu'au prochain Montréal que nous
vous proposons, celui de la Drôme.

À Montréal-en-Vivarais, reprenons la D 5 jusqu'à La Croisette (2 km), tournons à droite sur la D 104 jusqu'au lieu-dit de Bellevue (1 km); sur la gauche s'y présente la D 4 qui, via Ruoms, atteint un carrefour (10 km) d'où se détache la D 579 vers VALLON-PONT-D'ARC (7 km): c'est le meilleur point de départ de la route, l'une des plus belles de France au point de vue panoramique, qui suit le canyon de l'Ardèche et offre des paysages d'une grande beauté sauvage. Des belvédères parfaitement aménagés permettent des haltes aussi reposantes que saisissantes.

Dans le voisinage immédiat de Vallon-Pont-d'Arc, le pont d'Arc, justement, constitue la plus réputée des curiosités naturelles des gorges de l'Ardèche, une arche de 34 mètres de hauteur sur 59 de largeur, sous laquelle passe la rivière.

La distance depuis Vallon-Pont-d'Arc jusqu'à Pont-Saint-Esprit est de 47 kilomètres de route sinueuse: la D 290, sur la rive gauche, jusqu'à Saint-Martin-d'Ardèche, puis la D 90, sur la rive droite, jusqu'à la N 86, que l'on prend sur la droite.

*   *
*

Lorsque le Montréal du Québec s'est doté d'un nouvel aéroport international aménagé sur les riches terres du comté des Deux-Montagnes et inauguré en 1975, on lui donna le nom d'une ferme baignée par la rivière du Nord et située à Saint-Canut: Mirabel. Intéressante coïncidence, plus d'un Montréal de France possédait déjà son propre Mirabel!

C'est le cas pour l'Ardèche, qui en compte même... huit: trois hameaux sur les communes d'Alboussières, de Saint-Fortunat-sur-Eyrieux et de Vernoux, deux mas ou fermes sur celles de Gilhoc et de Toulaud, un château situé à Saint-Christol et une montagne, à Lalouvesc; enfin, une commune proprement dite, qui vaut une visite.

Le MIRABEL de l'Ardèche existait déjà au XIIIe siècle, et lorsque, à Montélimar, vous empruntez la N 540 puis la N 102 vers Aubenas pour vous rendre à Montréal-en-Vivarais, vous passez tout près de cet autre point jadis stratégique.

Depuis le carrefour du Buis-d'Aps, déjà mentionné, la N 102 passe par Villeneuve-de-Berg (11 km depuis le carrefour). Dès après se présente sur la droite la D 258, qui conduit à Mirabel (6 km), dont le cheminement historique ne saurait être dissocié de celui de Montréal-en-Vi-

Le donjon du château du baron de la Roche domine toujours
le rocher de Mirabel.

varais, puisque au nombre des seigneurs qui combatti-
rent sous Henri II de Montmorency figurait un certain
Guillaume de Balazuc dit Montréal, appartenant à une
famille dont nous avons précédemment évoqué le souvenir, car si Montréal fut relativement à l'abri des soubre-
sauts des guerres de Religion, on ne saurait en dire
autant de la place forte de Mirabel.

Mirabellum existait déjà au XIIIᵉ siècle. Le chapitre
de Viviers en fit l'acquisition en l'an 1255. C'est dire que
Mirabel, tout comme Montréal-en-Vivarais, tomba sous
l'autorité temporelle des évêques de Viviers.

Les guerres religieuses du XVIᵉ siècle s'épuisèrent
sous Henri IV, après l'édit de Nantes (1598), mais la mort
du roi fit renaître certaines ambitions. En 1624, le cardinal
de Richelieu est aux commandes, et les opérations re-
prennent: il charge Henri II de Montmorency de lever de
nouvelles troupes.

En 1628, ce dernier se présente devant Mirabel et
l'investit. C'est une sorte de nid d'aigle, un éperon s'avan-
çant sur la vallée. La garnison compte seulement 350
hommes quand les assiégeants se présentent.

Le château qui domine ce rocher se compose de
deux tours, chacune ayant son propre corps de logis. En
fait, il s'agit de deux châteaux distincts, mais jumelés. L'un
appartient à un fervent catholique, le baron de La Roche,
et l'autre à un seigneur protestant, Loys de Mirabel.

Au nombre des seigneurs qui combattent sous l'é-
tendard de Montmorency, il y a un certain Guillaume de
Balazuc, dit Montréal; et chez les protestants, sous Henri,
duc de Rohan, il y a un certain Louis d'Arlempdes, dit
Mirabel.

En 1585, ce dernier était devenu capitaine de la ville
et des châteaux de Mirabel et s'était employé à accroître

la puissance défensive de la forteresse. Par la suite, il s'en servait comme base pour mener des raids contre les catholiques et pour tenir en échec les Balazuc. Il s'était empressé de chasser le baron de La Roche.

Les forces de Montmorency, donc, se présentent devant Mirabel, hissent avec peine cinq canons au niveau de la forteresse et pratiquent une brèche dans la muraille. Louis d'Arlempdes doit se rendre avec ses hommes. Son château sera détruit et le baron de La Roche rentrera triomphalement dans le sien. C'est son donjon qui se dresse toujours au bord du plateau.

Telles furent les vicissitudes que connut ce Mirabel de l'Ardèche sous Louis XIII, alors que deux personnages opposés par leurs convictions en étaient conjointement les seigneurs.

N'entrait pas qui voulait à Mirabel, ainsi que le suggère cette porte qui donnait accès à l'intérieur de l'enceinte du château.

MONTRÉAL-LES-SOURCES

Drôme

Nous avions donc atteint Pont-Saint-Esprit, sur la rive droit du Rhône, après avoir suivi les gorges de l'Ardèche. Traversons maintenant le fleuve et passons du département de l'Ardèche à celui de la Drôme.

Depuis Pont-Saint-Esprit, la D 994, vers l'est, franchit la N 7, puis l'autoroute A 7, pour atteindre Bollène (5 km). C'est une ville de quelque 12 000 habitants, un chef-lieu de canton du département de Vaucluse. Il suffit de mentionner celui-ci pour deviner que nous sommes aux portes de la Provence.

C'est depuis Bollène, par la D 94, que nous visiterons Montréal-les-Sources. En route, nous passerons par Nyons (36 km) après avoir pénétré dans la Drôme. Ce département, qui tire son nom de la rivière qui le traverse, un courant torrentiel qui se jette dans le Rhône, a été formé partie du Dauphiné, partie de la Provence, et du Comptat-Venaissin, un ancien pays du midi de la France qui fut possession des comtes de Toulouse, passa à la France, fut cédé au Saint-Siège sous le pape Grégoire X, puis fut rattaché à la France en 1791.

La Drôme, hachée d'étroites vallées, dotée de bassins fertiles que séparent des défilés, possède des montagnes calcaires aux arêtes vives. Le climat y est vif et pur.

Nyons constitue une fort agréable étape. Sa chapelle Notre-Dame-du-Bon-Secours domine un quartier ancien, celui des Forts, que caractérisent des rues étroites et des escaliers escarpés. L'une de ces rues, celle des Grands-Forts, est en quelque sorte une galerie couverte qui s'ouvre sous des maisons adossées aux remparts.

Au-delà de Nyons, la D 94 suit la rivière Eygues jusqu'à Sahune (15 km) où se présente, sur la droite, la D 205. Nous sommes ici dans la région dite des Baronnies, à cause justement de trois baronnies qui furent

Après 3 kilomètres d'une rampe fort montante,
la D 205 débouche sur Montréal-les-Sources.

incorporées au Dauphiné au XIVe siècle. Cette appellation s'applique également aux chaînes calcaires qui nous
entourent.

La D 205 conduit à Montréal-les-Sources en quelque
6 kilomètres depuis Sahune, les trois derniers kilomètres
constituant une rampe dont aucun palier ne rompt l'inces-
sante inclinaison. Peu à peu surgissent les toits de cette
petite commune, dont les chaudes tuiles creuses évoquent déjà la Provence toute proche.

Montréal-les-Sources ne compte plus que quelques
dizaines d'habitants. La commune possède toujours son
église, mais pas de curé en titre. Pourtant, on y trouvait
un château fortifié dès le XIIIe siècle, mais le hameau qui
s'était formé sous ses murs s'étiola dès le moment où le
lieu perdit son importance stratégique, car la mise en
valeur du terroir présentait d'énormes difficultés. Il suffit,
pour s'en rendre compte, de promener le regard sur les
pentes raides du cirque de montagnes servant d'écrin au
bourg: pâturages, vignobles, prés et vergers s'y accro-
chent opiniâtrement. Et pourant on y trouve des traces
d'exploitation remontant à l'époque gallo-romaine. C'est
probablement parce que, pour occuper ce lieu stratégique, on n'avait d'autre choix que de récolter et d'élever
sur place les grains et les animaux nécessaires à la
subsistance.

Le premier Montréalais connu s'appelait Valerius
Cometius; on le sait parce qu'en 1947 on a retrouvé sa

pierre funéraire, remarquablement conservée. L'inscription révèle qu'il était un «veterán us Leg VIII Anc militavita», c'est-à-dire un vétéran de la VIIIᵉ légion romaine, un antésignaire: en cette qualité, il était chargé de la garde du *vexillum*, l'enseigne de sa légion.

Un autre soldat romain a laissé sa marque dans le voisinage de Montréal-les-Sources. Il s'appelait Julien de Brioude. Selon Grégoire de Tours, ce militaire martyr subit la décollation en l'an 304 près de Brioude (maintenant chef-lieu d'arrondissement du département de Haute-Loire). Saint Julien de Brioude est à la fois le patron de Montréal-les-Sources et de l'église Saint-Julien-le-Pauvre à Paris. Or, un prieuré a été établi sous son vocable, tout au bord du ruisseau Saint-Julien, à environ 1 km de Montréal-les-Sources, probablement au XIIᵉ siècle. Il n'en subsiste que le chœur.

Le Dauphiné devint partie intégrante de la France en 1343, lorsque Humbert II, son dernier souverain, le lui céda par le traité de Romans. Dès lors, le fils aîné du roi de France prit le titre de «Dauphin». À cause de sa situation géographique, ce territoire n'était pas au bout de ses vicissitudes. Il devait souffrir des guerres, notamment celles de Religion, alors que s'affrontèrent le baron des Adrets, qui combattit les protestants avec acharnement après avoir pourtant dévasté le Midi pour leur compte, et le duc de Lesdiguières, qu'Henri IV avait fait le lieutenant général de ses armées du Dauphiné, du Piémont et de la Savoie.

Lorsque, de nos jours, on visite Montréal-les-Sources, on a le sentiment de prendre contact avec la France profonde, tellement la petite commune baigne dans la sérénité: rien ne laisse deviner qu'au lendemain de la tragique Saint-Barthélemy son château fortifié fut capturé et reconquis tour à tour par les protestants et les catholiques. Là où Montréalais et Montréalaises reviennent des champs avec des fagots se bousculaient jadis des soldats enrégimentés pour la défense d'idéologies.

Revenons sur nos pas, par la D 94, pour voir notre prochain Montréal, celui de l'Aude. À partir de Nyons (21 km depuis Montréal-les-Sources), dont nous avons cité les caractéristiques, empruntons sur la gauche la D 538, qui conduit (en 7 km) à MIRABEL-AUX-BARONNIES, une commune d'un millier d'habitants, et dont les toits faits de tuiles creuses dénotent la chaude influence provençale. Nous sommes toujours dans les Alpes du Sud, et lorsque fleurissent les lilas, au printemps, les cimes environnantes demeurent ourlées de neige.

Beaucoup de touristes passent chaque année par Mirabel-aux-Baronnies, car nous nous apprêtons, à la faveur de nos circuits «montréalais», à aborder un itinéraire jalonné d'étapes enrichissantes au point de vue culturel. Nous ne saurions leur consacrer beaucoup d'espace, car cela nous conduirait au-delà des paramètres de notre guide. Signalons tout de même l'intérêt qu'elles présentent.

Au sud de Mirabel-aux-Baronnies (4 km), la D 538 devient la D 938 au moment où elle entre dans le Vaucluse, au lieu-dit de La Tuilière. Continuons vers le sud et nous atteignons VAISON-LA-ROMAINE (5 km), que dominent les ruines altières du château des comtes de Toulouse (fin XIIe s.) et que sectionne l'Ouvèze. Mais les deux quartiers de la ville sont reliés par un pont qui date... du premier siècle de l'ère chrétienne!

Au pied du château se coudoient les maisons de la cité médiévale. La cathédrale, de style roman provençal, s'accompagne d'un cloître (XIe et XIIe s.) qui abrite un musée lapidaire. Mais à ces trésors, Vaison-la-Romaine ajoute des vestiges qui lui ont valu son surnom: on y a dégagé une riche villa romaine, plusieurs maisons ornées de fresques et de mosaïques, même un théâtre accroché à flanc de montagne et qui a gardé des restes d'une rangée de colonnes formant un ensemble architectural, ce qui est unique dans le sud de la France.

À Mirabel, en Ardèche,
seule subsiste la tour sarrazine du catholique baron de La Roche.

Continuons sur la D 938 vers le sud. Prochaine étape: MALAUCÈNE (9,50 km), dont le calvaire offre un superbe panorama sur les chaînes de la Drôme et le Ventoux, un austère sommet depuis lequel, assure-t-on, s'offre au regard le plus vaste panorama de toute la Provence. L'église de Malaucène (XIVᵉ s.) présente des caractéristiques peu communes: une nef romane à berceau brisé et des chapelles voûtées d'ogives. Sa façade a été dotée d'un mâchicoulis; à cette époque, les églises devaient non seulement protéger les fidèles des hérésies, mais aussi se défendre en cas d'attaque: depuis un tel balcon, on pouvait laisser tomber des projectiles et des matières incendiaires sur les assiégeants.

La D 938 passe ensuite par CARPENTRAS (18 km). C'était, jusqu'à la Révolution, la capitale de ce Comptat-Venaissin, possession du Saint-Siège, que nous avons mentionné précédemment. C'est aussi la «capitale» du berlingot, un bonbon à la menthe et aux fruits qui fait les délices des jeunes et des moins jeunes. Cette ville est riche en monuments dignes d'intérêt. Mentionnons son ancienne cathédrale Saint-Siffrein, dont l'archevêque d'Arles entreprit la construction en 1404 au nom du pape Benoît XV d'Avignon. Son portail sud, dit «porte juive», est de style gothique flamboyant.

Le Palais de justice de Carpentras loge dans l'ancien palais épiscopal, dont la façade est une reproduction à échelle réduite de celle du célèbre palais Farnèse de Rome. La ville a aussi conservé un arc municipal romain, de même que sa porte d'Orange (XIVᵉ s.), seul vestige de son enceinte médiévale.

Notre prochaine étape est l'un des hauts lieux de la France, puisque les papes en firent leur capitale: AVIGNON. Depuis Carpentras, la D 942 y conduit (16 km).

Vouloir présenter en quelques lignes l'une des plus belles cités d'art de France serait difficilement acceptable si notre but n'était pas uniquement de vous en signaler la présence au fil de nos itinéraires «montréalais».

Dominant le Rhône retrouvé, la vaste forteresse gothique du palais des Papes coiffe l'un des plus remarquables ensembles architecturaux du Midi. Elle se compose du palais Vieux, que Benoît XII fit ériger au milieu du XIVᵉ siècle, et du palais Neuf, que l'on doit à Clément VI. Le premier comporte une aile dite du Consistoire, qui abrite la grande salle où se réunissaient les cardinaux, et la salle des Festins (longue de 35 m). Le second, plus élégant, abrite la salle dite de la Grande-Audience et la chapelle pontificale. Entre les deux se déploie la cour d'honneur: c'est ici que se déroulent chaque année les plus importantes représentations du réputé festival d'Avignon. L'imposant palais des Papes s'orne de fresques, de sculptures et de peintures qui font la joie des connaisseurs.

Avignon compte, bien sûr, d'autres monuments, telles la cathédrale Notre-Dame-des-Doms, qui possède le tombeau de Jean XXII (XIVe s.), et l'église Saint-Pierre, dont le style appartient à la première Renaissance provençale. Enfin, le Rhône coule sous le pont Saint-Bénezet, que le folklore nous a fait connaître dès notre tendre enfance, mais sur lequel tout le monde... ne passe plus depuis plus de trois siècles, une crue l'ayant rompu; mais le célèbre «pont d'Avignon» a conservé son étonnante chapelle romane (XIIe s.).

MONRÉAL

GARD

En lisant ce titre, on aura cru à une erreur typographique. Tel n'est pas le cas. L'étymologie de ce toponyme n'est pas la même que celle des Montréal. Si nous mentionnons tout de même ce lieu-dit, c'est qu'en août 1979, lorsque le Montréal du Québec invita les Montréalais de France à lui rendre visite, le Monréal du Gard figurait sur la liste.

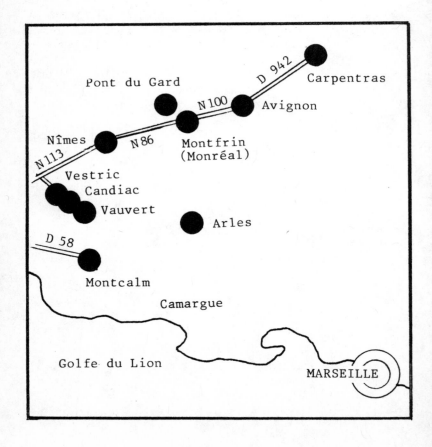

Le Monréal du Gard, sur la commune de Montfrin, est un domaine viticole.

Monréal se situe sur la commune de Montfrin, que l'on atteint depuis Avignon en franchissant le Rhône par la N 100, en prenant tout de suite sur la gauche la D 2 jusqu'à Aramon (15 km), où débute la D 126 qui y conduit (9 km).

Montfrin est sur les bords du Gard. Le célèbre pont du Gard, une des merveilles de l'Antiquité, grandiose structure qui portait l'aqueduc construit par les Romains afin d'alimenter la ville de Nîmes, n'est qu'à une dizaine de kilomètres au nord d'ici. Montfrin compte quelque 2 000 habitants, et son lieu-dit de Monréal désigne un domaine viticole.

Des recherches effectuées aux Archives départementales du Gard révèlent que, dans le bas Languedoc, le suffixe «real», issu de «regal», signifie «ruisseau» et non pas «royal», ce qui laisse croire qu'étymologiquement le Monréal du Gard serait étranger à la nombreuse famille des Montréal de France.

* *
*

Notre prochain Montréal serait celui de l'Aude si une commune du Tarn n'avait eu la «coquetterie» d'inverser les deux composantes de son toponyme: Réalmont.

Depuis Avignon, la distance qui nous sépare du Montréal de l'Aude est d'environ 270 kilomètres, via

Nîmes, Montpellier, Béziers, Narbonne et Carcassonne. Mais on peut, depuis Béziers, effectuer un crochet que nous décrirons plus loin.

La N 100 conduit d'Avignon à Remoulins (22 km), commune voisine du pont du Gard, mentionné précédemment, puis la N 86 nous amène à Nîmes.

Il convient de souligner qu'à Remoulins on peut emprunter vers l'ouest l'autoroute A 9 jusqu'à Narbonne, puis l'autoroute A 61 jusqu'à Carcassonne. Nous nous en tenons ici aux routes nationales, tout d'abord parce que les distances sont sensiblement les mêmes, ensuite parce qu'on ressent davantage le charme du dépaysement et la chaleur de l'accueil lorsqu'un itinéraire franchit communes et bourgs: on y a davantage le sentiment de tenir le pouls des gens du pays.

On dit de NÎMES que c'est «la Rome française», vu les imposants monuments qu'elle possède et qui constituent autant de témoignages de la Gaule romaine. Ses arènes, qu'elle garde avec un soin jaloux, pouvaient accueillir 21 000 personnes! Sa Maison carrée, temple dédié aux petits-fils d'Auguste, d'influence grecque, abrite un musée de mosaïques et de statues. Les ruines de son temple de Diane, d'une décoration raffinée, évoquent le confort des thermes à la fin du Ier siècle avant Jésus-Christ. Ses vieilles rues courent entre des hôtels des XVIe et XVIIe siècles.

Devant le château de Vestric, une statue de Montcalm dont celle de Québec constitue une fidèle reproduction.

Le château de Candiac, où est né le marquis de Montcalm.

Non loin des arènes, au point de rencontre de la rue du Cirque-Romain et de la rue de la République, Nîmes a sa place Montcalm, à laquelle donne accès une porte des anciens remparts; elle possède aussi sa caserne Montcalm, où une inscription rappelle que le marquis de ce nom fut le commandant en chef des troupes françaises en Amérique du Nord.

Quittons Nîmes par la N 113, direction sud-ouest, vers Montpellier. Après une dizaine de kilomètres se présente sur la gauche la D 56, sur laquelle se succèdent trois localités qui rappellent également la mémoire du grand vaincu des plaines d'Abraham. VESTRIC nous accueille tout de suite. Montcalm était seigneur de ce lieu. Devant le château, on se croirait à Québec car on y trouve un monument dont une fidèle reproduction a été dévoilée en 1911 en bordure de la Grande-Allée, à quelques centaines de pas seulement du lieu où le célèbre général a été frappé mortellement le 13 septembre 1759. La statue le représente soutenu par la Renommée, figurée allégoriquement par un ange. Elle est du sculpteur Léopold Morice, et son piédestal, de l'architecte Paul Chabert.

La marquise de Montcalm repose dans la chapelle du château; une épitaphe rappelle qu'elle a soutenu son époux de son amour pendant trente-cinq ans, lui a donné dix enfants et lui a survécu vingt-neuf ans «dans les larmes et le souvenir de sa gloire».

Après Vestric, toujours sur la D 56, voici CANDIAC (à 5,50 km). En fait, les deux localités ont été réunies en une seule commune. Ici, au milieu d'un vignoble, c'est le château où est né Montcalm qui retient l'attention.

Plus loin (à 3,50 km), la D 56 débouche sur VAU-VERT, une commune de plus de 5 000 habitants. C'est ici que Montcalm fut baptisé, le 6 mars 1712. Dans l'église, deux plaques de marbre le rappellent. En 1953, une délégation canadienne vint y déposer des reproductions des drapeaux «que toujours conduisit à la gloire le grand chevalier vauverdois». On peut les voir au presbytère, derrière l'église.

Avant de reprendre la N 113, signalons qu'il existe, sur la commune de Vauvert, à une douzaine de kilomètres au sud, un lieu-dit qui porte le nom de Montcalm, sur la D 58, à une dizaine de kilomètres à l'est d'Aigues-Mortes.

Notre prochaine étape sera MONTPELLIER (40 km par la N 113, depuis l'amorce de la D 56). Juste avant d'atteindre Lunel, la route franchit le Vidourle, un fleuve côtier torrentueux: on passe ici du département du Gard à celui de l'Hérault. Capitale du Languedoc méditerranéen, Montpellier est une belle ville, riche en monuments, et qui connaît depuis une vingtaine d'années un essor remarquable. On pourrait y passer plusieurs jours fort agréablement.

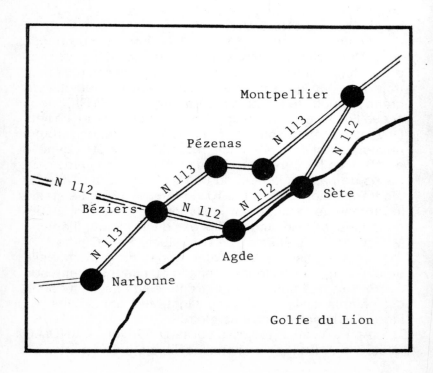

La place de la Comédie demeure le centre de l'animation citadine. De sa fontaine des Trois-Grâces débute l'Esplanade, une promenade ombragée qui date du XVIIIe siècle. Le vieux quartier universitaire est riche d'hôtels particuliers. La promenade du Peyrou, avec ses deux étages de terrasses que domine un élégant château d'eau, s'orne d'une statue équestre de Louis XIV, et la porte qui y donne accès est un superbe arc de triomphe élevé en 1691 à la gloire du Roi-Soleil.

Tout Québécois de passage à Montpellier voudra sans doute voir l'hôtel Montcalm, situé rue de l'Ancien-Courrier. C'est d'ici que partit le général, en 1756, pour prendre le commandement des troupes françaises en Amérique du Nord. La cour intérieure vaut d'être admirée; elle est dotée d'un magnifique escalier à colonne évidée. Pour marquer le bicentenaire de la mort de Montcalm, deux plaques ont été dévoilées sur les murs de l'édifice, en 1959, par Pierre Dupuy, ambassadeur du Canada, l'une rue de l'Ancien-Courrier, l'autre dans la cour même de l'hôtel, auquel on accède par l'impasse de la Friperie.

À partir de Montpellier, deux itinéraires s'offrent pour Béziers. Le premier est la continuation de la N 113, que nous avons suivie depuis Nîmes; il passe par Pézenas. Le second longe le golfe du Lion sur une assez bonne distance et passe par Sète et Agde; en sortant de Montpellier par la N 113 se présente sur la gauche la N 112, qui conduit à Agde puis à Béziers. Les deux itinéraires s'équivalent à peu près quant à leur longueur (environ 75 km). Nous proposons le premier, car Pézenas nous permet d'évoquer deux personnages: un auteur dramatique célèbre et un officier à qui la ville de Québec doit probablement son *Chien d'Or*.

L'académicien et homme de théâtre Marcel Pagnol a déjà écrit que si Jean-Baptiste Poquelin est né à Paris, Molière, lui, est né à PÉZENAS. C'est ici en effet que lui et son Illustre-Théâtre ont trouvé protection auprès du prince de Conti, gouverneur du Languedoc. Au numéro 32 de la rue Conti, d'ailleurs, subsiste toujours l'hôtel d'Alfonce, où joua Molière en 1654.

Le cœur de Pézenas est riche en monuments médiévaux. L'hôtel de Lacoste, avec ses galeries voûtées, sa cour et son grand escalier (XVe et XVIe s.), retient particulièrement l'attention. Tout près se trouve la maison du barbier Gély, qui était un ami de Molière; elle abrite maintenant le Syndicat d'Initiative. À deux pas, un peu en retrait de la place Gambetta, s'ouvre l'impasse Simon-Ducros, qui donne sur l'hôtel de Plantavit de La Pause. Le cardinal Mazarin y logea, mais si nous signalons la présence de ce monument, c'est parce qu'ici est né, en 1721, Jean Guillaume Charles de Plantavit de Margon, mieux connu sous le nom de chevalier de La Pause.

Ce personnage fut l'un des officiers que Montcalm et Lévis apprécièrent le plus. Ils en parlent de façon élogieuse. Arrivé à Québec au printemps de 1755, il devait faire toute la guerre du Canada, et ne rentrer en France qu'après la capitulation, sur le même voilier que Lévis. Il décéda en 1804 dans l'hôtel même où il avait vu le jour. On conserve l'un de ses uniformes au musée de Vulliot-Saint-Germain.

Les historiens s'interrogent depuis longtemps sur l'origine de l'inscription dite du *Chien d'Or* qui orna tout d'abord la maison du chirurgien Timothée Roussel, rue de Buade, à Québec, et qui fut incorporée à la façade de l'actuel Hôtel des Postes: «Je svis vn chien qui ronge lo / En le rongeant je prend mon repos / Vn tems viendra qvi nest pas venv / Que je morderay qvi mavra mordv.» Elle évoque, dit-on, l'esprit de vengeance qui habita la veuve de Nicolas Jaquin dit Philibert après que celui-ci eut été tué d'un coup d'épée, le 20 janvier 1748, par un officier, François-Xavier Le Gardeur de Repentigny.

Or, il y a lieu de croire que le chevalier de La Pause est à l'origine de cette inscription peu commune. Si l'on sort de Pézenas par la D 13 (direction de Roujan), on atteint tout de suite le lieu-dit de Saint-Siméon. Dans les jardins du domaine de Saint-Julien, un chien sculpté dans la pierre ronge son os depuis la fin du XVIe siècle; l'inscription qui l'accompagne est, à peu de détails près, semblable à celle de Québec. Ici, elle traduit le dépit d'un officier, propriétaire du domaine, qui, en 1581, ne put se venger de la désinvolture avec laquelle le grand connétable de Montmorency, gouverneur du Languedoc, avait fait enlever en pleine nuit, sur sa propriété, des orangers qu'il ne souhaitait pas lui céder!

Le chevalier de La Pause connaissait bien cette inscription. Comme il était à Québec à l'époque de l'affaire Philibert...

*   *

*

Nous ne sommes plus qu'à 23 kilomètres de BÉ-ZIERS, toujours par la N 113. Le vieux quartier de la ville est dominé par la cathédrale Saint-Nazaire (XIIIe et XIVe s.), dont une façade, dotée d'une imposante rosace, est fortifiée: flanquée de deux tours carrées, elle se complète de créneaux. Depuis sa terrasse s'offre un superbe panorama.

Depuis Béziers, la route la plus directe pour Carcassonne demeure la N 113. On passe ainsi de l'Hérault en Aude pour atteindre Narbonne (27 km). Elle conduit ensuite vers Lézignan-Corbières (16 km), Capendu (18 km) et Carcassonne (21 km).

Par ailleurs, nous avons précédemment mentionné Réalmont. C'est une commune du Tarn dont l'appellation provient des mêmes racines que celle de Montréal. Nous proposons donc un crochet vers le nord-ouest pour la visiter; nous serons aussi à proximité d'Albi, une autre des plus belles villes d'art de France.

Dans les jardins du domaine de Saint-Julien,
un chien ronge son os depuis la fin du XVIe siècle.
C'est très probablement l'*ancêtre* du célèbre *Chien d'or* de Québec.

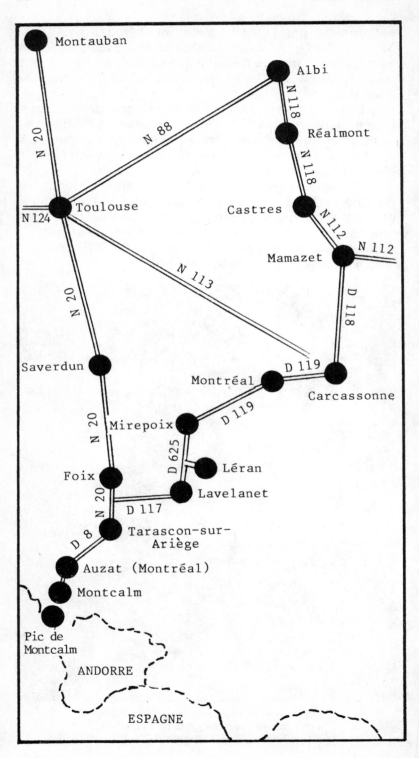

RÉALMONT

TARN

Nous emprunterons donc à Béziers la N 112, qui conduit à Saint-Pons (51 km). Au-delà de cette commune, la route pénètre dans le Tarn, passe par Mazamet (35 km), un important centre industriel, puis atteint Castres (16 km), dont l'Hôtel de Ville loge dans l'ancien évêché, construit par Mansart et auquel d'agréables jardins à la française servent d'écrin.

Depuis Castres, c'est la N 118 qui conduit à Réalmont (22 km). Tout ce pays est piqué de bastides, comme du reste tout le midi de la France. Il s'agissait d'ouvrages fortifiés construits entre le XIe et le XIVe siècle afin de repousser les envahisseurs et d'abriter les populations environnantes en cas de raids. C'est d'ailleurs à une bastide construite en 1272 par le sénéchal de Carcassonne que Réalmont doit son existence.

Comme dans le cas des Montréal, son appellation découle de deux composantes, mais qui sont inversées:

Le clocher de la cathédrale de Réalmont
domine la commune.

en latin, *Regalis mons* (royal mont). Chef-lieu de canton,
Réalmont compte près de 3 000 habitants. Son église
date du XVᵉ siècle. Rien ne subsiste de l'ancienne bastide, mais, du haut de l'éminence où elle se dressait, une
croix veille maintenant sur les Réalmontois.

Nous sommes ici en Albigeois, un ancien pays réuni
à la couronne de France sous Louis IX, et qui comprenait
les diocèses de Castres et d'Albi. C'est dans cette région
que prit racine, dans le Midi, l'«hérésie» cathare, qui avait
gagné des adeptes en d'autres régions de la France après
avoir vu le jour en Lombardie. Nous y reviendrons en
passant par le Montréal de l'Aude.

On ne s'aurait s'arrêter à Réalmont sans pousser plus haut sur la N 118 jusqu'à ALBI, la Ville rouge, ainsi que la désignent les fervents d'architecture (20 km). Car Albi est construite en brique, résultat de la présence d'importants dépôts de molasse argileuse dans la région. On savait déjà, il y a huit siècles, en tirer un matériau capable de défier la morsure du temps: la cathédrale Sainte-Cécile, de style gothique méridional, date de 1282! Sa tour donjon, haute de 78 mètres, et son imposant vaisseau dominent les vieux quartiers de la ville, au pied desquels coule le Tarn. Son jubé est le plus vaste de France; c'est un chef-d'œuvre de l'art flamboyant.

Tout à côté, le palais de la Berbie, ancien évêché fortifié, abrite le musée Toulouse-Lautrec, car c'est à Albi, en 1864, que naquit le célèbre peintre et affichiste. Albi s'étale sur les deux rives du Tarn, et c'est un pont du XIe siècle qui enjambe la rivière, un affluent de la Garonne.

* *
*

Avant de revenir sur nos pas, signalons, pour l'anecdote, que la région de Réalmont possède en quelque sorte son Mirabel, situé dans le département tout voisin de Tarn-et-Garonne. On l'atteint depuis Réalville (6,50 km) par la D 40, que l'on emprunte depuis la N 20 entre Montauban et Caussade. C'est le seul endroit au monde où la Vierge Marie est honorée sous le vocable de Notre-Dame-des-Misères.

MIRABEL possède un sanctuaire chargé d'histoire. Ce sont des moines venus d'Aubazines, en Corrèze, pour fonder l'abbaye de la Garde-Dieu, qui érigèrent un oratoire dédié à Notre-Dame-des-Limiers, au milieu du XIIe siècle. Si les limiers sont de grands chiens de chasse qui ont pour fonction de rabattre criminels et disparus, cette Vierge avait pour mission de débusquer l'«hérésie» cathare si elle parvenait jusqu'aux contreforts dominant les vallées du Tarn et de l'Aveyron.

Ce lieu de prière accueillit beaucoup de pèlerins et on y érigea une église romane, qu'il fallut agrandir au XVIe siècle. Le clocher actuel date de cette époque. Au fil du temps, on invoqua la Vierge avec d'autres objectifs: elle devint Notre-Dame-des-Miséricordes, puis Notre-Dame-des-Misères, sans doute à cause du grand dénuement dans lequel vivaient les populations avoisinantes.

Le Mirabel de Tarn-et-Garonne possède un sanctuaire
chargé d'histoire et placé sous le vocable
de Notre-Dame-des-Misères.

Les guerres de Religion détruisirent le sanctuaire aux trois quarts, mais on le reconstruisit à l'époque de saint Vincent de Paul, qui fut à l'origine du grand effort missionnaire dans les campagnes. L'actuel chœur de l'église date de ce moment-là. La Révolution s'acharna ensuite sur l'édifice. On le releva de ses ruines après la guerre de 1870. Il y eut restauration en 1977.

*   *

*

Depuis Réalmont, revenons vers le sud par la N 118 jusqu'à Castres, puis par la N 112 jusqu'à Mazamet. Empruntons ici la D 118, à partir de laquelle s'offrent d'intéressantes randonnées à travers la région de la Montagne Noire. Elle franchit de verdoyants paysages forestiers, d'arides garrigues et des pinèdes pour déboucher sur Carcassonne (47 km). Nous sommes ainsi passés imperceptiblement du Tarn en Aude.

CARCASSONNE est sans doute le joyau de l'Aude. Sa Cité constitue, disait son restaurateur, le célèbre architecte Viollet-le-Duc, le système de défense le plus complet et le plus formidable de l'Europe du Moyen Âge. Elle est demeurée presque intacte. Ses deux enceintes concentriques, flanquées de 52 tours, offrent des remparts de près de 3 kilomètres.

C'est saint Louis qui a fait construire cette puissante bastide au milieu du XIIIe siècle, sur la rive gauche de l'Aude. On y présente l'été un spectacle «son et lumière» de grande qualité. L'enthousiasme des spectateurs s'embrase en même temps que la Cité proprement dite. Au pied de celle-ci s'étend la ville basse. L'ensemble présente de précieux monuments: le château Comtal, la basilique Saint-Nazaire, la cathédrale Saint-Michel, l'église Saint-Vincent comblent les vœux des amateurs d'architecture ancienne. L'entrée principale de la Cité, la porte Narbonnaise, est un beau modèle d'architecture militaire du XIIIe siècle. L'Aude sépare la Cité de la ville basse.

MONTRÉAL

AUDE

Notre prochain Montréal, celui de l'Aude, se situe à l'est de Carcassonne, et la D 119 y conduit (26 km). Pour se distinguer des autres localités portant la même appellation, cette commune aurait pu ajouter à son nom celui de l'antique région à laquelle elle appartenait et devenir Montréal-en-Lauragais.

Nous sommes ici à proximité de l'Espagne, aussi ce «pays» peu accidenté et situé en lisière du Massif central a-t-il été attaché au domaine des comtes de Barcelone et à celui des comtes de Carcassonne. Il releva aussi des rois d'Aragon et des vicomtes de Béziers. Louis IX le rattacha à la France en 1258 et Louis XI l'érigea en comté en 1478.

Le Montréal de l'Aude s'est distingué dans l'histoire de diverses façons. Si, d'une part, c'est sans doute le seul Montréal de France qui ait eu pour curé un futur pape, ce fut, d'autre part, dans le mouvement albigeois, l'une des villes les plus favorables à cette doctrine cathare que

La grande collégiale du Montréal de l'Aude
domine la plaine environnante.

nous avons précédemment évoquée en passant par Réalmont.

Rappelons les principes de cette secte, qui proliféra
depuis le XIe jusqu'au XIIIe siècle en Italie centrale, en
Lombardie, en Rhénanie, en Catalogne, en Champagne
et en Bourgogne, et trouva de farouches adeptes dans ce
qui constitue maintenant le midi de la France. La doctrine
cathare s'inspirait du manichéisme qui, dès le IIIe siècle,
tout en conservant un fonds chrétien, avait fait siens des
éléments empruntés à d'autres croyances, notamment au
bouddhisme, s'appuyant sur un principe voulant que le
Bien et le Mal fussent à la fois égaux et antagonistes.

Dans le midi de la France, Albi fut l'un des principaux
centres de rayonnement de cette doctrine, de sorte qu'on
y désigna les cathares sous le nom d'albigeois. Le terme
«cathare» vient de *catharos*, mot grec qui signifie «pur»,
et c'est sans doute à cause de la rigueur de vie que
s'imposaient les tenants de cette secte, en face de l'opu-
lence et du relâchement du clergé catholique à cette
époque, que leur doctrine se répandit autant.

Revenons à Montréal. Sa fondation remonterait au
IXe siècle. Quoi qu'il en soit, un château fortifié y existait
dès le milieu du XIIe, car, en 1162, les chevaliers qui en
avaient la garde prêtaient serment de fidélité à Roger
Trencavel, vicomte de Béziers, l'un des principaux chefs
albigeois.

MONUMENTS HISTORIQUES ET SITES

MONTRÉAL
Sa Collégiale du 14ᵉ
Ses Orgues historiques du 18ᵉ
Ses Soirées Musicales

En 1205, un prédicateur d'origine castillane, Domingo de Guzmán, arrivait chez les albigeois, où le pape Innocent III l'envoyait prêcher; il devait fonder l'ordre des dominicains. Le futur saint Dominique, conscient de la rectitude et de la sévérité qui caractérisaient la doctrine cathare, abandonna son carrosse et sa suite, et c'est à pied, vêtu de loques, qu'il entreprit sa difficile mission.

L'un des plus importants événements qui ponctuèrent sa prédication se passa à Montréal, à l'occasion d'un affrontement verbal entre lui et les tenants de la secte. On avait alors l'habitude de soumettre la véracité des thèses religieuses à ce que l'on désignait comme l'«épreuve du feu»: les opposants jetaient leurs manuscrits dans les flammes, qui dévoraient ceux dont les textes étaient faux. Selon la légende, le brasier épargna les écrits de saint Dominique mais consuma ceux des prêtres cathares. Le célèbre peintre italien Guido di Pietro, mieux connu sous son nom de dominicain, Fra Angelo, béatifié en 1983, a consacré à cette anecdote un tableau conservé au Louvre.

Le Montréal de l'Aude fut plusieurs fois incendié, car le roi d'Aragon, le duc de Toulouse et le comte de Foix eurent à défendre le bourg fortifié contre une coalition de petits seigneurs venus du nord, qu'Innocent III avait appelés à la croisade et que commandait Simon IV, comte de Montfort, champion de l'Église. Celui-ci reçut la garde de Béziers et de Carcassonne, repris aux hérétiques, et s'empara de Narbonne et de Toulouse.

Montréal possédait une église dédiée à Notre-Dame; l'un de ses curés, Jacques Duèse, né à Cahors en 1245, où il étudia tout d'abord chez les dominicains pour ensuite suivre des cours de droit sous leur égide à Paris, était sans doute un fervent admirateur de saint Dominique, et c'est probablement pourquoi, devenu sous le nom de Jean XXII le deuxième pape d'Avignon, il voulut doter Montréal d'un collège composé de 15 chanoines, 23 chapelains, 2 diacres, 2 sous-diacres, 8 clercs et 8 enfants de chœur.

C'est en 1317 que l'église paroissiale eut cet honneur. Elle fit place à l'imposante collégiale actuelle, de style gothique méridional. C'est le plus ancien monument de la ville, et il a connu un meilleur sort que les murailles de l'enceinte à la suite des guerres de Religion, car Richelieu les fit détruire.

La collégiale a subi d'importantes modifications aux XVIIe et XVIIIe siècles. C'est un magnifique vaisseau aux

Le portail du sud de la collégiale de Montréal,
finement ciselé, est le plus élégant.

lignes harmonieuses, dallé de pierre, et qui compte 13 chapelles latérales. La collégiale est entièrement ceinte de beaux balustres en marbre de Caunes et d'un remarquable maître-autel de même matériau. La sacristie est un véritable musée, qui compte non seulement des pièces de l'orfèvrerie méridionale, mais des pièces insolites, notamment des ornements sacerdotaux taillés dans des robes de Marie-Antoinette et d'une châtelaine de Montréal, Mme de Bonaffos!

La commune de Montréal est particulièrement orgueilleuse du grand orgue de sa collégiale, un instrument construit en 1782 par Jean-Pierre Cavaillé, car, en 1962, elle assuma les frais d'une première étape de sa restauration; les Beaux-Arts prirent à leur charge la deuxième tranche des travaux grâce au ministre André Malraux. C'est au petit-fils de Cavaillé, Aristide Cavaillé-Coll, que l'on doit les grandes orgues de la basilique de Saint-Denis et, à Paris, d'églises réputées: Notre-Dame, Saint-Sulpice, la Madeleine et Sainte-Clotilde. En 1986, les P.T.T. ont consacré une flamme d'oblitération à la collégiale et à son orgue.

Deux portails donnent accès à la collégiale; celui du sud, finement ciselé, est le plus élégant. Sous l'orgue a été accroché un grand tableau de Badin, qui fut directeur de la Manufacture des Gobelins. La chaire est d'inspiration Renaissance et le chœur s'orne de toiles évoquant le martyre de saint Vincent, patron de l'église.

De confortables frondaisons ombragent la rue principale de Montréal.

Cette porte ancienne donnant accès à l'étroit passage du Puits-Banal
est tout ce qui subsiste des fortifications démolies
sur l'ordre de Richelieu.

Nous disions que Richelieu avait fait abattre les fortifications de Montréal: il n'en subsiste qu'une porte ancienne donnant accès à l'étroit passage du Puits-Banal.

On estime que le canton de Montréal produit chaque année environ 40 000 hectolitres de vin. Avec ses communes environnantes, il compte quelque 6 000 viticulteurs.

* *
*

Reprenons maintenant la route pour le prochain Montréal, celui de l'Ariège. C'est une région montagneuse entrecoupée de gorges et que sectionne une rivière qui a donné son nom au département. Elle prend sa source dans les Pyrénées orientales et se jette dans la Garonne près de Toulouse. Les voies de communication sont sinueuses, car nulle part peut-on passer directement d'une vallée à l'autre.

Depuis le Montréal de l'Aude, la D 119, que nous avions empruntée à Carcassonne, conduit à MIREPOIX (21 km). La place principale de cette ville est entourée de maisons à pans de bois datant des XIIIe et XIVe siècles. On s'y trouve pour ainsi dire replongé en plein Moyen Âge. Ces maisons s'appuient sur des charpentes de bois et s'avancent au-dessus des trottoirs, ce qui permet de

Le château de Léran, que la famille de Lévis reçut en cadeau
après que les barons du Midi furent dépossédés de leurs biens.

déambuler à l'abri des chauds rayons du soleil. C'est ce
que l'on appelle des «couverts» dans le midi; nous en
trouverons d'autres dans le Gers.

Mirepoix a sa cathédrale, de style gothique, dont la
nef, dit-on, est la plus large du sud de la France. Mais le
nom de cette commune est familier aux fervents de notre
histoire, car il évoque une grande famille que nous allons
retrouver tout de suite.

À Mirepoix, empruntons la D 625 qui descend franc
sud. On atteint ainsi Aigues-Vives (11 km). Ici se présente
sur la gauche la D 28, qui conduit aussitôt à LÉRAN
(3 km). Ici, sur la rive gauche du Touyré, se dresse le
château des Lévis-Mirepoix (XIVe-XVe s.). On l'aura de-
viné: c'est à cette famille qu'appartenait l'illustre vainqueur de la bataille de Sainte-Foy, en 1760: après la mort
du marquis de Montcalm, le brigadier de Lévis prit le
commandement des forces françaises, se replia sur
Montréal et revint vers Québec au printemps de 1760
dans le but de reconquérir la ville. Mais sa brillante
victoire fut inutile: les premiers navires à remonter le
Saint-Laurent, au printemps, battaient pavillon anglais.

Nous avons parlé précédemment des albigeois et
signalé que des petits seigneurs étaient venus du nord à
l'appel d'Innocent III pour les combattre. Guy 1er de Lévis
partit pour cette croisade avec son ami le comte de
Montfort. Il devait se distinguer et mériter le titre de

«Maréchal de la Foi». Les barons cathares, une fois vaincus, furent dépossédés de leurs biens, et c'est ainsi que Guy III de Lévis devint seigneur de Mirepoix.

D'ailleurs, «notre» brigadier de Lévis, qui allait devenir duc et maréchal, a vu le jour dans la région, à Ajac, une petite commune située à l'ouest de Limoux (6,50 km), sur la N 620. La pierre recouvrant le tombeau de la famille se voit facilement dans l'église paroissiale, et l'ancien château où le personnage a vu le jour n'est guère plus qu'un modeste manoir.

Reprenons, à Aigues-Vives, la D 625. À Laroque-d'Olmes (3 km), elle devient la D 620, jusqu'à Lavelanet (5 km). Ici passe la D 117; l'emprunter vers l'ouest jusqu'à l'importante N 20 (21 km), qui conduit vers le sud (9 km) à Tarascon-sur-Ariège (ne pas confondre avec le Tarascon de la région d'Arles, qu'a fait connaître le célèbre *Tartarin* d'Alphonse Daudet).

À Tarascon-sur-Ariège débute la D 8. Empruntons-la jusqu'à Auzat (14 km).

Sous cette chapelle de l'église d'Ajac se trouve le tombeau de la famille de Lévis.

MONTRÉAL-DE-SOS
commune d'Auzat
ARIÈGE

Sur un pic au pied duquel coule la petite rivière
Vicdessos, un affluent de l'Ariège, subsistent les vestiges
de l'un des châteaux fortifiés qui assuraient la défense de
l'ancien comté de Foix érigé vers l'an mille par les comtes
de Carcassonne. L'un de ceux-ci, Roger-Bernard II, se fit
l'allié du comte Raymond VII de Toulouse et embrassa
l'idéologie cathare. À cette époque, le haut du pays rele-
vait de la suzeraineté des rois d'Aragon, et le bas, de
l'autorité des comtes de Toulouse.

Tout au long des XIIIᵉ et XIVᵉ siècles, le château de
Montréal-de-Sos servit d'enjeu dans les différentes que-
relles qui opposèrent les comtes de Foix à leurs voisins
ou suzerains. En 1272, le comte Roger-Bernard III se
rebella contre Philippe III, roi de France, et se tourna vers
le roi d'Aragon pour obtenir son assistance. Celui-ci pro-

Au sommet d'un rocher ne subsistent que de modestes vestiges
d'un château qui, pourtant, servit si longtemps d'enjeu.

fita de l'occasion pour mettre la main sur plusieurs points stratégiques de la région, dont celui de Montréal. Il y plaça un châtelain, Raymond Batailha, avec l'ordre de résister à toute sommation de la part de Philippe III, dit le Hardi.

Celui-ci, par l'entremise de ses commissaires, fit charger le châtelain de Tarascon de la réception du serment de fidélité auprès des populations de la vallée de Sos. Non seulement Batailha ne voulut-il rien entendre, mais lorsque se présenta l'officier envoyé depuis Tarascon, il le fit prisonnier. Le châtelain de Tarascon décida d'intervenir personnellement, accompagné d'officiers du roi, mais Batailha les fit poursuivre sur l'espace d'une lieue, sous une pluie de pierres et de scories de fer.

L'année suivante (1273), le roi d'Aragon consentait à rendre le château de Montréal au sénéchal de Carcassonne, et celui-ci le remit à Brunissens de Cardonne, comtesse douairière de Foix, le comte Roger-Bernard III étant détenu par Philippe III; il ne devait retrouver ses domaines que quatre ans plus tard, sans doute en reconnaissance de services rendus au cours de la campagne de Navarre.

Mais le château de Montréal devait connaître d'autres vicissitudes. De nouvelles hostilités opposèrent le comte de Foix au roi d'Aragon, qui le fit prisonnier, et Philippe le Hardi exigea de la comtesse de Foix la remise des châteaux de la région afin de les soustraire à la convoitise du roi d'Aragon. C'était en 1283.

Un tunnel creusé dans le roc stratifié
conduisait à l'enceinte du château.

Le comte de Foy reprit possession de ses domaines en 1285, mais, cette année-là, Philippe le Hardi décédait, Philippe IV, dit le Bel, lui succédant. Ce dernier, l'année précédente, avait acquis la Navarre par mariage. La maison d'Armagnac était opposée à celle de Foix, et Philippe le Bel convoqua le comte de Foix, qui l'assura de sa sincérité à son endroit. En gage de celle-ci, le roi exigea la remise de deux châteaux, dont celui de Montréal, qui ne furent rendus au comte qu'en l'an 1300.

Il semble qu'à partir du début du XIVe siècle le château de Montréal perdit peu à peu son importance stratégique. On note cependant qu'il fut réparé en 1332, mais les ouvrages défensifs ne tardèrent pas à se délabrer.

Lorsque, de nos jours, depuis la petite rivière Vicdessos, on lève les yeux vers les vestiges des ouvrages fortifiés qui se découpent sur le firmament, on a l'impres-

Esseulé sur son rocher, seul un pan de mur évoque
l'époque des comtes de Foix.

sion que la place était inexpugnable. Certes, le plateau
où se dressait le château a des pentes abruptes, mais il
aurait été facilement accessible au nord-ouest et au sud-
est si on n'y avait construit des barbacanes reliées à de
solides donjons. La barbacane du sud-est s'accompagnait d'une tour qui existerait encore si la foudre n'avait
eu raison de sa solidité en 1887. Au centre du plateau
subsiste une muraille ronde que l'on croit avoir été la base
d'une chapelle circulaire comme les Templiers en
construisaient aux XIIe et XIIIe siècles.

Ce Montréal de l'Ariège, comme tous les autres de
France, est beaucoup plus ancien que celui de la Nouvelle-France puisqu'il est cité dans le dénombrement du
comté de Foix dès 1272. Les ruines sont près du hameau
de Goulier, sur la commune d'Auzat, dont la population
est de quelque 1 000 habitants.

*   *
*

Avant de quitter le plus méridional des Montréal de
France, soulignons que, tout de suite au sud de la commune d'Auzat, se rencontre le hameau de Montcalm
(7 km par la D 108), et que, un peu plus au sud, à un
kilomètre seulement de la frontière de l'Andorre, un pic
porte le même nom; haut de 3 078 mètres, c'est un autre
hommage à la mémoire de l'illustre vaincu de la bataille
des plaines d'Abraham.

*   *
*

Voici le moment venu d'entreprendre le second volet
de notre périple, qui nous ramènera vers Paris tout en
proposant d'autres étapes montréalaises.

Depuis Auzat, reprenons la D 8 jusqu'à Tarascon-
sur-Ariège (14 km), puis engageons-nous sur la N 20 vers
le nord, ce qui nous conduira jusqu'à FOIX (16 km). Le
château des comtes de Foix, que nous avons mentionnés
précédemment, se dresse sur un piton rocheux et il a fière
allure avec ses trois tours, dont un donjon haut de 42
mètres, qui abrite le musée départemental: collections
préhistoriques, romaines et médiévales, archéologie et
ethnographie régionale. La cathédrale Saint-Volusien,
arc-boutée par de puissants contreforts, s'entoure d'un
quartier ancien qui compte quelques maisons à pans de
bois.

MONTRÉAL-DE-RIVIÈRE
commune de Montréjeau
HAUTE-GARONNE

Nous nous en voudrions de ne pas au moins mentionner cette ancienne bastide qui, jadis, dominait la Garonne et protégeait la région environnante. On l'avait érigée dès 1272, au débouché du cours supérieur du fleuve dans un ancien pays dit de Rivière à cause du cours d'eau qui l'arrosait, d'où l'appellation de Montréal-de-Rivière.

Si nous n'avons pas inclus ce Montréal dans notre circuit, c'est qu'il n'existe plus sous ce nom et qu'à notre connaissance, il ne subsiste pas de vestiges de l'ancienne place forte. Ce Montréal est devenu une commune d'environ 4 000 habitants sous le nom de Montréjeau.

Les familles Forgues s'intéresseront sans doute à ce Montréal-de-Rivière d'autrefois, car c'est de là qu'originait Jean-Pierre Forgues dit Monrougeau arrivé à Québec le 30 juin 1665, soldat de la compagnie de La Durantaye au régiment de Chambellé. Il était fils de Jacques Forgues et de Catherine Lamolle, de la paroisse de Saint-Jean.

Cet ancêtre épousa à Québec, le 16 octobre 1668, Marie Robineau, veuve de Jean Robert, une Parisienne qui devait lui donner six enfants. Lors de son licenciement, Jean-Pierre Forgues s'établit sur une concession située dans la seigneurie accordée par Jean Talon en 1672 au capitaine de sa compagnie, Olivier Morel de La Durantaye, et qui portait son nom.

Bien qu'habitant la seigneurie de La Durantaye, c'est à l'église voisine de Beaumont qu'il porta ses enfants au baptême. L'épouse décéda en 1700. Forgues, dès l'année suivante, songea successivement à deux mariages, et avec d'autres veuves, mais les contrats devaient être annulés, à six mois d'intervalle, avant la célébration de l'union. Chacune choisit un autre époux en 1702.

On peut atteindre Montréjeau à partir de Foix par la D 117 puis la N 117 vers l'ouest (environ 120 km). La commune se dresse sur une éminence, au confluent de la Garonne et de la Neste-d'Aure. Depuis son boulevard Lassus se présente une très belle vue sur les Pyrénées, avec table d'orientation. L'église Saint-Jean (XIVe-XVIe s.), où fut baptisé le pionnier Forgues, possède un clocher de forme octogonale et sa nef s'orne de statues du XVIIIe s. Au voisinage de Montréjeau, on peut visiter les grottes de Gargas, qui comprennent trois étages de galeries ornées de dessins d'animaux qui, estime-t-on, datent de 30 millénaires avant l'ère chrétienne.

* *
*

De Foix, la N 20 conduit ensuite à Palmiers (23 km) puis à SAVERDUN. C'est une commune de 4 000 habitants, qui retiendra l'attention des visiteurs de l'île de Montréal car c'est elle qui aurait donné son nom à la ville de Verdun, voisine de la métropole du Québec. En 1671, en effet, les sulpiciens concédaient un fief à Zacharie Dupuis, qui avait été commandant du fort de Québec et qui était devenu major de la garnison de Montréal. Or, ce pionnier prit le surnom de Verdun, et il était originaire de la paroisse de Notre-Dame, à Saverdun.

Tout de suite au-delà de Saverdun, la N 20 passe du département de l'Ariège à celui de Haute-Garonne pour atteindre TOULOUSE (47 km), capitale de l'ancien Languedoc, aujourd'hui le pôle d'une région urbaine qui compte plus d'un demi-million d'habitants, surtout célèbre par son industrie aéronautique.

Nous abordons ici une autre des grandes villes d'art de France. C'est une étape remarquablement enrichissante sur la route des Montréal. La fondation de Toulouse serait antérieure à celle de Rome. Ville déjà florissante sous l'empire romain, les Wisigoths s'en emparèrent et en firent leur capitale, mais Clovis y pénétra au début du VIe siècle. Dagobert en fit la capitale d'un duché héréditaire d'Aquitaine, relevant de la couronne de France. Au milieu du VIIIe siècle, Pépin le Bref s'empara du duché et Charlemagne en fit la capitale du royaume d'Aquitaine. Son successeur, Louis le Pieux, remit Toulouse à des comtes. C'est en 1271 que le comté de Toulouse fut réintégré au domaine royal de France.

Toulouse, grand centre religieux, intellectuel et artistique depuis des siècles — dès le XIVe siècle, il s'y développa une florissante université —, possède, on l'imagine sans peine, de nombreux monuments d'un intérêt archéologique considérable. Sauf exceptions, ils sont de brique, ce qui lui a valu son surnom de Ville rose. Mentionnons sa cathédrale Saint-Étienne (XIe-XVIIe s.) et son clocher donjon; l'ancienne collégiale Saint-Sernin (XIe-XIIIe s.), l'une des plus belles églises romanes de France, son clocher octogonal à cinq étages et sa crypte à deux étages dont le trésor comporte un nombre considérable de reliquaires; l'église fortifiée des Jacobins (XIIIe s.), au cloître doté de colonnes de marbre géminées; le Capitole, qui abrite l'Hôtel de Ville, avec son beffroi (XVe s.)

La ville possède de somptueux hôtels anciens, dont celui des chevaliers de Saint-Jean-de-Jérusalem. Depuis les quais s'offre un superbe panorama sur la Garonne.

Poursuivons notre quête des Montréal de France et quittons Toulouse par la N 124. Nous roulons vers l'ouest. Dès après Léguevin, la route passe imperceptiblement du département de Haute-Garonne à celui du Gers et conduit à AUCH (77 km depuis Toulouse). Une statue du célèbre seigneur d'Artagnan, gentilhomme gascon qu'Alexandre Dumas père immortalisa dans ses *Trois Mousquetaires*, domine un monumental escalier de 200 marches conduisant à la ville haute, que couronne la cathédrale Sainte-Marie. Celle-ci, flanquée de la belle tour d'Armagnac, possède un ensemble de 113 stalles sculptées que l'on considère comme les plus belles de France.

Au nombre de ses chanoines, la cathédrale d'Auch en compta un, au XVIIIe siècle, qui était né au Montréal du Québec, et dont nous avons évoqué la mémoire lors de notre passage au Montréal de l'Ain: Luc Charles Sholto de Douglas. Celui-ci se proposait d'embrasser la prêtrise, mais il ne prononça jamais ses derniers vœux. Tout au long de son séjour à Paris, alors qu'il jouait double jeu à la fois comme enquêteur de la Commune et chef de la police secrète de Louis XVI, on le désignait couramment sous le nom de l'«abbé» Douglas. Chanoine d'Auch, il avait aussi été pourvu du prieuré commendataire de Bar-le-Duc, diocèse de Toul.

Nous avons eu l'occasion d'évoquer la mémoire du marquis de Montcalm, du chevalier de Lévis et de l'un de leurs officiers, le chevalier de La Pause. Or, dans les environs d'Auch (à 7 km au nord-est), à MALARTIC, existe toujours le château où a vu le jour un militaire qui fut blessé à trois reprises pendant la guerre du Canada: Anne Joseph Hippolyte de Maurès, comte de Malartic.

Le château de Malartic, où naquit Anne Joseph Hippolyte de Maurès, comte de Malartic, l'un des officiers de Montcalm.

L'édifice niche au flanc d'un coteau qui domine l'Arçon, un affluent du Gers. L'aide-major passa au Canada en 1755 avec le régiment de Béarn. Une balle lui perça le genou gauche au cours de la bataille de Carillon, ce qui lui valut la croix de Saint-Louis; sur les plaines d'Abraham, le jour fatidique du 13 septembre 1759, son cheval fut tué sous lui, et son uniforme, percé de balles. Enfin, à la bataille de Sainte-Foy, un boulet lui effleura la poitrine. Au Québec, la ville de Malartic perpétue sa mémoire.

En quittant Auch, poursuivons sur la N 124, vers l'ouest, jusqu'à la D 930 (4,50 km), où se présente un magnifique panorama. Cette dernière conduit, vers le nord, jusqu'à CONDOM (43 km), une ville de quelque 8 000 habitants, aux rues pittoresques bordées d'hôtels anciens et dont l'ancienne cathédrale, de style gothique méridional (XVIe s.), possède un beau portail flamboyant. L'ancien évêché, dont le cloître est de même époque et de même style, abrite le musée de l'Armagnac consacré au folklore régional et qui compte une intéressante collection d'outils qu'utilisaient autrefois les vignerons.

Notons que le grand Bossuet fut évêque de Condom en 1669 en même temps que précepteur du Dauphin, Louis de France, qui lui fut confié pendant dix ans.

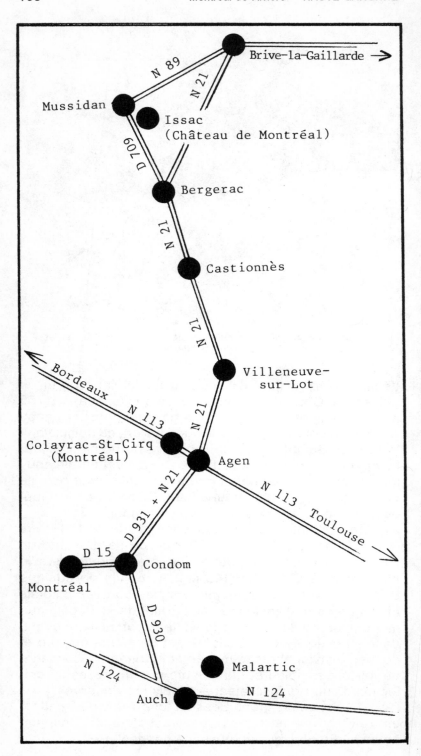

MONTRÉAL-DU-GERS

GERS

De Condom, la D 15, vers l'ouest, nous conduit à un autre Montréal (15 km). On ne saurait douter qu'il s'agit d'une commune méridionale, car on y trouve non seulement des palmiers mais aussi des arènes: on y adore les courses de vachettes.

Nous sommes ici dans le petit pays du Condomois, dans l'ancienne province de Gascogne. Son territoire se trouve à cheval sur la frontière qui sépare les départements du Gers et de Lot-et-Garonne, où se trouve notre prochain Montréal.

Ici encore, c'est une bastide qui a donné naissance à la commune et, chose étonnante, c'est sous l'égide d'un souverain d'Angleterre qu'elle fit en quelque sorte ses débuts, car, pendant sa construction, Philippe le Hardi, roi de France et maître du Languedoc, céda le Condomois à Édouard Ier, qui était duc de Guyenne, cette dernière

Comme tous les autres Montréal,
celui du Gers a été établi de façon à dominer la plaine.

Du côté de l'Auzoue, l'église semble faire partie intégrante
de l'escarpement.

province étant devenue possession de Henri II par son
mariage avec Aliénor d'Aquitaine. La Guyenne demeura
sous domination anglaise jusqu'à la fin de la guerre de
Cent Ans (1453).

À cette époque, les souverains des deux puissances
passaient facilement de l'hostilité au rapprochement:
Édouard Ier épousa la sœur de Philippe le Bel, et son fils,

Le Montréal-du-Gers est justement fier de ses arcades
où même sous un ciel torride...

Édouard II, unit sa destinée à celle d'Isabelle, fille du même roi de France.

Cette bastide n'était certainement pas inexpugnable. Si, d'un côté, elle était protégée par un escarpement rocheux, au pied duquel coule tranquillement l'Auzoue dont la surface se trame de nénuphars, aucune dénivellation ne se présentait de l'autre côté; aussi y avait-on érigé des murailles flanquées de tours et accompagnées de fossés.

De nos jours, il ne reste rien de ces ouvrages, mais l'église retient l'attention. Certains écrivent qu'elle a été construite au XIVe siècle parce que l'un des piliers porte le millésime MCCC. Si tel est le cas, il en existait sans doute une autre précédemment au même lieu. On y trouve une mosaïque datant du IIIe siècle. Ce monument est composite (gothique et roman). Du côté de l'Auzoue, son mur semble faire partie intégrante de l'escarpement. C'est par des escaliers conduisant au-dessus de la voûte que l'on pouvait accéder rapidement aux remparts en cas de surprise, car Montréal ne possédait pas de *castrum* fortifié pour sa défense.

Le grand portail de l'église donne sur l'angle d'une jolie place dotée d'agréables arcades qui courent sous les édifices qui la bordent, les façades s'appuyant sur de puissantes arches de pierre.

Montréal demeura sous domination anglaise jusqu'aux campagnes menées par Bertrand Du Guesclin, réintégra ainsi le giron de la France, et Charles V donna la ville au comte d'Armagnac.

...on peut faire ses emplettes dans le confort.
Les façades courent sur des arches de pierre.

Montréal-du-Gers compte une population d'environ 2 000 habitants. Sa rue principale s'orne de maisons à colombage avec étage en encorbellement.

La région de Montréal compte de riches souvenirs de l'époque romaine. D'ailleurs, on y a trouvé des vestiges d'une chaussée qui reliait alors les Pyrénées à la Garonne. À Séviac, lieu-dit situé en toute proche banlieue de Montréal, on a mis au jour les restes d'un luxueux établissement romain du IIIe siècle, une villa gallo-romaine riche de mosaïques qui couvrent quelque 400 mètres carrés, et dont plusieurs, en excellent état de préservation, présentent une grande diversité de formes et de dessins géométriques; le fond de la piscine de cette villa est remarquable à ce point de vue. Pendant les travaux, on a trouvé une double tombe; les squelettes des «amants de Séviac» ont été déposés dans une boîte de verre.

Nous avons déjà rappelé que certains bourgs portant le nom de Montréal avaient changé d'appellation pendant la Révolution, sans doute pour éviter que le suffixe «réal» ne rappelât l'ancien régime. Il en fut ainsi pour le Montréal du Gers, qui devint Mont-Franc. Mais ici comme ailleurs, Montréal reprit bientôt ses droits.

*   *

*

Revenons à Condom et empruntons-y la D 931, direction nord-est. Entre Ligardes et Lamontjoie, nous passons du département du Gers à celui de Lot-et-Garonne (17 km). Avant d'atteindre Agen, la D 931 débouche sur la N 21 (18 km), qui traverse la ville.

AGEN fut la capitale de l'ancien comté d'Agenois, qui appartint successivement aux comtes de Poitiers et de Toulouse, puis aux rois d'Angleterre, avant d'être réuni à la couronne de France en 1592. C'est de nos jours une ville de quelque 40 000 habitants, et elle possède d'intéressants monuments: la cathédrale Saint-Caprais (transept et chœur romans, nef gothique, voûtes du XVIe s.); l'ancien évêché aux colonnes doriques, qui abrite la préfecture; et les édifices Renaissance qui abritent le musée municipal. Celui-ci possède des toiles de Goya, des collections de céramiques françaises et étrangères, de même que la *Vénus du Mas*, un marbre grec datant de cinq siècles avant Jésus-Christ.

Cette ville est une importante étape pour les touristes qui, en provenance de Rocamadour et du célèbre gouffre de Padirac, roulent vers Pau, Tarbes et les stations thermales des Hautes-Pyrénées.

MONTRÉAL
commune de Colayrac-Saint-Cirq
LOT-ET-GARONNE

Au voisinage d'Agen existe un Montréal dont on ne soupçonnerait pas l'existence si l'on ne s'en remettait aux cartes d'état-major, si remarquablement détaillées, et aux Archives départementales de Lot-et-Garonne.

Ce lieu-dit est situé sur la commune de Colayrac-Saint-Cirq, qui compte environ 2 000 habitants et qui est située à l'ouest-nord-ouest d'Agen. On l'atteint par la N 113 (5 km), la grande route qui va de Toulouse à Bordeaux.

Tout d'abord connu sous le nom de Pecharomas, le site de Montréal coiffe un coteau qui domine la Garonne.

Au Montréal-du-Gers, nous avons évoqué le souvenir de deux rois d'Angleterre: Édouard 1er et son fils Édouard II. C'est au premier que nous devons la fondation de ce Montréal. En 1272, il passa avec Philippe III le Hardi, roi de France, un accord de paréage pour la cons-

C'est dans un parc agréable que se situe le Montréal du Lot-et-Garonne.

Plan du hameau de Montréal tracé en 1649.
On y distingue clairement la disposition des propriétés
et la situation de l'église.

truction d'une bastide. À l'époque féodale, une telle entente se signait entre des seigneurs qui pouvaient revendiquer des droits égaux. Cette convention devait avoir une durée de vingt-deux ans, car en 1294, Édouard II renouvelait ou prolongeait l'accord avec Philippe IV le Bel, qui en 1285 avait succédé à son père sur le trône de

Propriété privée, la terre de Montréal comporte de nos jours
une maison familiale dont le revêtement extérieur défiera longtemps
les atteintes du temps.

France. En 1308, Édouard II reconfirmait le paréage. C'est dire que le Montréal de Lot-et-Garonne, comme celui du Gers, vit le jour sous domination anglaise.

Il est logique de croire que le développement de la bastide de Montréal fut fort entravé par la guerre de Cent Ans, car l'aimable entente qui unissait les deux puissances ne devait pas durer. Lorsque Édouard III, petit-fils par sa mère de Philippe le Bel, réclama la couronne de France, les hostilités éclatèrent. Et c'est ainsi qu'au XIVe siècle les Anglais détruisirent le *castrum* de Montréal, qu'ils avaient édifié.

En parcourant les Archives départementales, on trouve divers documents, dont un plan du hameau de Montréal tracé en 1649 à l'occasion d'un procès que les élus d'Agen avaient intenté à Marie-Madeleine Thérèse de Vignerot. Or, celle-ci n'était autre que la duchesse d'Aiguillon, fondatrice de... l'Hôtel-Dieu de Québec. Elle et son oncle, le cardinal de Richelieu, avaient généreusement souscrit à cette fin deux subventions de 20 000 livres chacune, découlant des revenus que leur rapportaient le service de coches et carrosses de Soissons et celui des coches et messageries d'Orléans.

La duchesse d'Aiguillon portait beau,
mais elle oubliait de payer ses taxes aux élus d'Agen.

La duchesse d'Aiguillon était comtesse de Condomois et d'Agenois, de même que seigneur du château de
Montréal. Or, toute généreuse qu'elle fût, elle refusait de
payer pour celui-ci la taille que les élus d'Agen devaient
percevoir. Sans doute avait-elle à son service d'astucieux
gestionnaires qui lui conseillaient de faire opposition.

La duchesse n'occupait pas son château. Elle l'avait
loué à un certain Jean Sarreau. Or, devant l'obstination
de la duchesse, le percepteur de la taille, Me Gaillard
Duvignau, remit au locataire un exploit lui enjoignant de
verser aux élus tout loyer dû ou à être payé «jusques à la
concurrance de la somme de Deux cent quarante deux
livres et Dix huit Sols Dix Deniers et Auec commandement
de ne s'en decezir jusques à ce que autrement par Iustice
en soit Ordonné».

De nos jours, nous trouvons que la justice est lente.
Or, ce procès débuta en 1647 et n'était pas encore terminé en 1675 lors du décès de la duchesse. Le duc d'Aiguillon reprit le flambeau, et le dossier conservé aux Archives
se poursuivit... jusqu'en 1740!

* *
*

Nous sommes arrivés à Agen par la N 21. C'est par
elle que nous continuerons notre périple vers le nord.
Nous atteindrons ainsi (29 km) VILLENEUVE-SUR- LOT,
une petite capitale régionale de quelque 20 000 habitants. Il y avait ici, jadis, une puissante bastide dont il
reste deux portes surmontées de mâchicoulis, celles de
Paris et de Pujols. L'église Notre-Dame (XIIIe-XVIe s.)
présente une façade Renaissance richement ornée. Le
Lot, qui arrose la ville, est bordé de maisons pittoresques
et un pont vieux de sept siècles l'enjambe.

Continuons sur la N 21. Au-delà de Castillonnès,
nous pénétrons dans le département de la Dordogne
(36 km), nous dirigeant vers BERJERAC (24 km), ville de
près de 30 000 habitants, qui évoque à sa seule mention
le personnage que créa Edmond Rostand. Ce fut une
citadelle des calvinistes (XVIe s.) et Louis XIII en fit raser
les fortifications en 1621. La rivière qui l'arrose, un autre
affluent de la Garonne, a donné son nom au département.
En 1988, la Dordogne et la Jacques-Cartier, du Québec,
ont en quelque sorte été jumelées dans le cadre d'un
programme de repeuplement en saumon de l'Atlantique.
À l'Hôtel de Ville de Bergerac se trouve un musée du
Tabac que l'on dit unique au monde.

Nous ne sommes plus loin de notre prochain Montréal.

MONTRÉAL
commune d'Issac
DORDOGNE

Depuis Bergerac, la D 709 conduit à Mussidan (25 km). Empruntons-y la D 38, qui longe la Crempse, un affluent de la rivière de l'Isle, qui traverse Périgueux. Nous atteignons tout de suite Issac (7,50 km). La petite route qui monte vers le château de Montréal se présente sur la droite, avant d'arriver à la commune, et elle débouche sur la porte dite de Bergerac. Dès qu'on la passe, on aperçoit sur la gauche la chapelle de la Sainte-Épine.

Celle-ci a une histoire fort intéressante qui évoque la figure d'un grand capitaine anglais, John Talbot, qui se distingua pendant les guerres de France à partir de 1419. Ses états de service lui avaient procuré le gouvernement de l'Anjou et du Maine, et il avait par la suite participé au siège d'Orléans (1429). En 1453, il se présenta avec ses troupes sur les bords de la Dordogne et y rencontra des

Dès après la porte de Bergerac, c'est la chapelle de la Sainte-Épine qui se présente, suivie des communs.

Vue générale des communs. Comme le château,
ils nichent dans un jardin entretenu avec soin.

forces françaises que commandait Michel de Peyronenc,
alors seigneur de Montréal. Talbot devait périr dans l'engagement, qui eut lieu là où se trouve aujourd'hui la
commune de Castillon-la-Bataille, non loin de Libourne
(Gironde).

Or, le guerrier anglais portait au cou une croix d'or
que conserva son vainqueur et qui passa par la suite aux
mains d'un autre seigneur de Montréal, Pierre de Pontbriant, qui fit ouvrir le reliquaire, garni de diamants. On y
trouva une épine qui, crut-on, provenait de la couronne
du Christ. On soumit le cas à l'évêque du diocèse, qui le
confia à son théologal et qui, en 1526, émit un bref disant
que l'on devait honorer la relique et la porter procession-
nellement. Le reliquaire passa au fils de Pierre de Pontbriant, Francois, qui, pour lui donner un cadre digne de
son importance, fit ériger la chapelle de la Sainte-Épine,
mentionnée précédemment.

Mais celle-ci présente un intérêt particulier pour les
Montréalais du Québec. Pierre de Pontbriant, qui avait
épousé Anne de Peyronenc, était né au château d'Amboise, où son père était sous-gouverneur du jeune comte
d'Angoulême, le futur François Ier... Son frère François,
gouverneur de Blois et de Loches, futur surintendant de
la construction du château de Chambord, dirigeait à ce
moment-là l'édification de ce bijou Renaissance qu'est la
chapelle du château d'Amboise.

Pierre eut au moins deux fils: François et Claude. Le
premier fut gouverneur de Limoges et grand sénéchal du

Limousin. C'est au château de Montréal qu'il dicta son testament en 1569. Ce château, construit là où se trouvait depuis le Moyen Âge un manoir souvent détruit mais toujours reconstruit, a gardé sa physionomie du XIVe siècle.

Ce château occupait un lieu stratégique, entre Mussidan, que les troupes royales venaient de reprendre aux Huguenots, et Bergerac, que ceux-ci occupaient. François de Pontbriant mit son château en état de défense,

La belle porte dite de Berjerac,
qui donne accès aux jardins du château.

faisant réparer les murailles d'enceinte et refaire les ponts-levis. Les remparts, formant un vaste carré de plus de 100 mètres, étaient revêtus d'une couche de lierre si épaisse que les populations environnantes avaient surnommé la forteresse le Château Noir. Deux tours de 10 mètres de diamètre, accompagnées de trois plus petites, les garnissaient, du côté de Mussidan; elles furent rasées, mais leurs bases se distinguent encore fort bien.

Statues de François de Pontbriant et de sa première femme dans la chapelle de la Sainte-Épine.

La façade Renaissance du château témoigne d'un goût sûr.

La façade Renaissance du château est fort belle et témoigne d'un goût sûr. Il ne faut pas s'en étonner, Pierre et François de Pontbriant ayant vécu à la cour des derniers Valois et assisté à la réalisation de chefs-d'œuvre architecturaux tels qu'Amboise, Blois et Chambord!

Mais revenons à la chapelle de la Sainte-Épine. Quand on y pénètre, on se trouve face à face avec un personnage dont le frère accompagnait... Jacques Cartier sur le mont Royal le 3 octobre 1535!

Lorsque François de Pontbriant perdit sa première femme, Anne de Grossolles de Flaramens, issue de l'une des plus nobles familles de l'Armagnac, il en éprouva de tels regrets qu'il lui fit élever, dans la chapelle, un tombeau orné de sa statue, et se fit représenter lui-même à son côté. Ces deux statues y sont toujours, les rappelant dans l'éclat de leur jeunesse.

François de Pontbriant, avons-nous signalé, avait un frère prénommé Claude, qui était un échanson du Dauphin. En 1534, Jacques Cartier était rentré de son premier voyage au Canada avec deux autochtones, Taignoagny et Domagaya. Son expédition avait été subventionnée avec l'objectif de découvrir «certaines ysles et pays où l'on dit qu'il se doibt trouver grant quantité d'or et autres riches choses». Fit-on miroiter aux yeux du roi la possibilité de trouver des trésors dans ces terres lointaines? Celui-ci éprouva-t-il des doutes à l'égard de ce qu'on lui rapportait? En tout cas, Claude de Pontbriant, dit Mont-

Vue d'ensemble du château dans son écrin de verdure.
Au premier plan, l'une des tours qui furent rasées,
sans doute quand disparut la menace des incursions.

réal, fut du deuxième voyage (1535-1536), tout échanson qu'il fût du prince héritier.

Cartier le mentionne clairement au nombre des personnes qui prirent place à bord de la *Grande Hermine*, un voilier de 120 tonneaux, «ou estoit le cappitaine general, & pour maistre Thomas frosmond, Claude du pont briand, filz du seigneur de Montreueil & eschansson de monseigneur le Daulphin»... L'appellation «Montreueil» résulte d'une erreur de transcription, le manuscrit original destiné au roi et conservé à la Bibliothèque nationale, à Paris, comportant celle de Montréal, sans ambiguïté.

Et lorsque Cartier décide de laisser le plus petit de ses voiliers, l'*Émérillon*, dans le lac Saint-Pierre pour continuer son voyage sur des barques, il rapporte également que Claude de Pontbriant l'accompagna, de sorte qu'il était certainement à ses côtés sur le mont Royal.

«Nous nommasmes la dicte montaigne le mont Royal», écrit Cartier, sans plus. Une plaque de bronze, au sommet de la montagne, dit que la beauté du paysage lui inspira cette appellation; en 1642, le père Barthélemy Vimont, dans les *Relations des jésuites*, dit de l'île où on allait fonder Ville-Marie que «l'aspect d'vne belle montagne qui s'y rencontre luy a fait porter le nom de Montreal ou Mont-royal». Hypothèse. Selon une autre source, Cartier aurait voulu évoquer Monreale, en Sicile, dont le cardinal-archevêque, Hippolyte de Médicis, avait obtenu du pape un assouplissement de la bulle qui avait réservé à l'Espagne et au Portugal la souveraineté sur toutes les

terres découvertes et à découvrir vers l'ouest. Autre hypothèse. Nous en préférons une troisième: le découvreur ne
souhaitait-il pas plutôt honorer le personnage qui se tenait
à ses côtés?

Claude de Pontbriant était déjà «dit Montréal», ainsi
que le révèle François Ier dans un mandement adressé à
Jean Duval, trésorier de la maison du Dauphin et du duc
d'Orléans, de payer à François de Boucart, leur échanson, «au lieu et place de feu Claude de Pontbriant dit
Montréal la somme de 464 livres, montant des gages
dudit office depuis le 3 novembre 1536, date du décès
dudit Pontbriant, jusqu'au 31 décembre 1537». Ainsi,
celui-ci n'a pas longtemps survécu à son voyage. Aurait-il
subi les séquelles du scorbut qui avait fauché tant de ses
compagnons au cours de l'hiver de 1535-1536?

Rappelons que le lac Saint-Pierre, où Cartier laissa
son petit voilier, avait reçu le nom d'Angoulême en l'honneur de Charles d'Angoulême, le troisième fils de François Ier et, par conséquent, frère du Dauphin.

Mais revenons au château de Montréal et à François
de Pontbriant. Veuf, sans progéniture, il se remaria à une
jeune fille des environs de Tulle, Jeanne de Daignac de
Dampniat, à qui il fit don d'une somme de 8 000 livres, un
montant considérable, sans doute pour assurer son avenir, car il avait alors 62 ans. Elle décéda à son tour, mais
en donnant naissance à un fils qui reçut le prénom d'Hector. Après quelques mois, il contracta un troisième mariage avec Marguerite de Bourdeille, fille du seigneur de
Montancey, mais elle décéda elle aussi peu après, sans
postérité.

En 1569, avons-nous dit, François de Pontbriant
dictait ses dernières volontés. Il le fit devant quatre no-
taires et plusieurs témoins dont son médecin ordinaire et
un chirurgien. Il nomma deux tuteurs pour son fils: André
de Bourdeille, frère aîné du célèbre Brantôme, un écrivain
reconnu pour ses chroniques souvent licencieuses mais
toujours alertes, et Jean de Montardit, seigneur de Las-
coux. Il décéda en octobre, et l'on procéda à l'inventaire
du contenu du château, qui comprenait 30 pièces! Tout
est mentionné, jusqu'au moindre détail, dans ce document qui a été fort heureusement conservé.

André de Bourdeille se récusa quant à ses responsabilités de tuteur, car, à la tête d'une compagnie d'ordon-
nance, il participait aux opérations visant à maintenir le
Périgord sous le pouvoir royal. Quant à Jean de Montardit, il remplit si bien son rôle que sa fille épousa Hector
de Pontbriant en 1584!

Hélas, celui-ci connut des revers de fortune. Il avait gagné l'amitié de l'écrivain et philosophe Montaigne, lui-même né en Dordogne en 1533. Peut-être était-il plus sensible à la culture qu'à la gestion de ses biens. Pourtant, son père avait fort heureusement marié les deux préoccupations.

En 1639, le château était vendu aux enchères. Il fut adjugé à François du Chesne, lieutenant général à Périgueux, pour la somme de 131 000 livres. En 1752, il devenait la propriété de la famille Faubournet de Montferrand. Lorsque l'auteur de ces lignes a visité le domaine, il y a d'ailleurs été accueilli par le comte Henry de Montferrand.

On sait que, par suite de la Révolution, des milliers de Français ont quitté leur pays par fidélité à la couronne et se sont réfugiés à l'étranger, notamment en Angleterre. On les désigna dès lors sous le terme d'«émigrés»; leurs biens furent confisqués et vendus. Le propriétaire de la terre de Montréal, le marquis de Montferrand, était de ceux qui avaient tout sacrifié dans l'espoir de participer à un débarquement éventuel visant à la «reconquête» de la France. Un ancien serviteur du marquis réussit à acheter les métairies afin de les lui remettre plus tard. C'est un citoyen de Bordeaux qui offrit le meilleur prix pour le château, mais la famille de Montferrand parvint à le racheter.

Un dernier mot sur Claude de Pontbriant dit Montréal. En 1939, la Société d'Archéologie de Saintes, pour marquer le centenaire de sa fondation, présentait en cette ville un festival franco-canadien émaillé de tableaux historiques. L'un de ceux-ci «reconstituait» la mort, au château de Blois, de Claude de Pontbriant dans les bras de François Ier et soutenu par Rabelais. Il semble bien que l'auteur de ce tableau se soit ainsi accordé une licence recevable au point de vue théâtral, car des recherches effectuées à notre demande par l'assistant-conservateur du château et des musées de Blois sont demeurées vaines.

*   *

*

Nos deux prochains Montréal sont de minuscules lieux-dits. Depuis celui de la Dordogne, notre itinéraire nous conduit à Brive-la-Gaillarde. Si nous souhaitons voir le Montréal du Cantal, il nous faudra revenir à Brive et y emprunter la N 20 vers Limoges pour nous arrêter à celui de la Haute-Vienne.

Depuis Mussidan, la N 89, direction nord-est, passe par PÉRIGUEUX (35 km), cœur de l'ancien Périgord, à la fois métropole antique et préfecture moderne, riche en monuments anciens. Ses arènes romaines datent du IIIe siècle, et sa tour de Vésonne, du IIe. C'est d'ailleurs le nom que portait la ville à l'époque gallo-romaine. Sa cathédrale Saint-Front, de style romano-bizantin (XIIe s.), avec ses cinq coupoles et ses clochetons; son vieux quartier, qui s'étend sur les bords de l'Isle et que caractérisent d'intéressantes maisons anciennes (XVe et XVIe s.); son église Saint-Étienne-de-la-Cité, de style roman périgourdin, et ses hôtels élégants sont autant d'attraits qui retiennent le visiteur. Cédée aux Anglais par le traité de Brétigny en 1360, la ville revint sous l'autorité française à la fin du XIVe siècle.

Continuons sur la N 89, qui présente le charme et la diversité du Périgord, avec ses élevages d'oies dont les foies sont si renommés, ses vignes, ses vergers et ses cultures maraîchères. Prochaine étape, Brive-la-Gaillarde (73 km). Nous sommes passés du département de la Dordogne à celui de la Corrèze en traversant la commune de Larche.

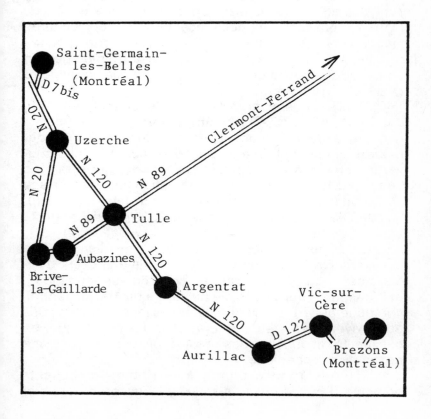

BRIVE-LA-GAILLARDE, qui compte plus de 40 000 habitants, est ceinturée par des boulevards qui ont remplacé ses anciens remparts. En son centre se dresse l'église Saint-Martin, romane, dont la nef (XIVe s.) s'orne de chapiteaux historiés. Sa tour des Échevins et surtout son hôtel Labenche retiennent l'attention; celui-ci est une élégante construction Renaissance dont la façade comporte des bustes d'hommes et de femmes sculptés dans la pierre.

Au-delà de Brive-la-Gaillarde, toujours sur la N 89, se présente la commune d'AUBAZINES (10 km), sur les bords de la Corrèze. En franchissant cette rivière, on est à proximité d'une ancienne abbaye cistercienne dont un oncle du gouverneur de Frontenac, Roger de Buade, fut abbé commendataire. C'est maintenant un orphelinat. Dans l'église paroissiale (XIIe s.) se trouve le tombeau de saint Étienne d'Obazine (XIIIe s.) et une armoire que l'on dit être le plus ancien meuble de France (XIIe s.).

Prochaine étape, TULLE (19 km), qui s'étend dans l'étroite vallée de la Corrèze. Ruelles et escaliers jalonnent son quartier médiéval que caractérisent d'intéressantes maisons anciennes, dont l'une, celle de Loyac (XVIe s.), possède une belle façade ornée de sculptures animalières. Le porche de la cathédrale est à arcades ogivales; il est surmonté d'un clocher à trois étages de baies gothiques; cloître gothique et salle capitulaire (XIIIe s.).

À Tulle, nous empruntons, vers le sud-est, la N 120, qui atteint ARGENTAT (30 km), commune située sur la rive droite de la Dordogne et dont les anciennes demeures annoncent déjà le Cantal, avec leurs toits couverts d'ardoises ou d'épaisses lames de pierre taillées dans de la lave. La ligne de démarcation entre la Corrèze et le Cantal se situe au hameau du Teulet (25 km), qu'identifie un calvaire. Puis la N 120 débouche sur la capitale de la haute Auvergne, AURILLAC (29 km).

On dit de la France, et avec raison, qu'elle constitue une véritable mosaïque de pays fort divers. C'est d'ailleurs ce qui fait son charme au point de vue touristique, et l'Auvergne, qui se déploie au centre du Massif central, contribue généreusement à cet incessant contraste. Ses eaux vives, ses crêtes altières, son climat tonique, sa cuisine traditionnelle, ses vieilles pierres en font une destination recherchée.

Si l'Auvergne a donné à la France d'éminents hommes d'État, Aurillac a offert à l'Église son premier pape français, Sylvestre II, proclamé en 999, ce qui lui a valu le surnom de «pape de l'an mille». Gerbert, pour le désigner par son nom, était à la fois théologien et savant. Grand politique, archevêque de Reims, il contribua à l'élection d'Hugues Capet, qui fut à l'origine de la troisième dynastie des rois de France. Comme il se doit, il a sa statue place Gerbert, sur les bords de la Jordane.

Dans la chapelle de l'ancienne abbatiale Saint-Géraud (XIVe et XVe s.), ornée de chapiteaux romans, on conserve la châsse du saint de ce nom, considéré comme le fondateur de la ville en l'an 894. La maison des Consuls rappelle qu'Aurillac obtint tôt son autonomie administrative. Le château Saint-Étienne, doté d'un donjon (XIe s.), abrite un musée consacré au volcanisme: ne dit-on pas que le Cantal est la terre par excellence des fromages et des volcans? Depuis la terrasse du château s'offre un splendide panorama sur le moutonnement des monts du Cantal, que nous allons tout à l'heure aborder.

D'Aurillac, la N 122 conduit, vers l'est, à Pesteils (16 km) et à son château, l'un des plus beaux d'Auvergne, avec son célèbre donjon carré (XIVe s.), puis à Vic-sur-Cère, station thermale recherchée. Ici débute la D 54, une route sinueuse et accidentée qui se faufile entre les crêtes, contourne des crans, s'insère dans d'étroits défilés, s'accroche à des flancs souvent fort obliques: une route qui ne s'emprunte pas à tombeau ouvert, mais qui permet, en quelque sorte, de tenir le pouls de la vie rurale. Il n'est pas rare d'y croiser des attelages de bœufs, car l'existence bat au rythme des travaux et des jours dans ces vallées verdoyantes. Rien ne saurait mieux évoquer la vie pastorale de cette région que le tintement grêle des clochettes trahissant la présence de bestiaux derrière d'impénétrables haies.

Après le col de Curebourse, la route passe au rocher des Pendus, puis atteint Jou-sous-Monjou, dont l'église (XIIe-XVe s.) possède une nef qui se singularise par un curieux décor sculpté (12,50 km). D'ici, sur la gauche, se détache la courte D 57 (3 km), qui conduit à la D 990. Prendre celle-ci sur la gauche, soit vers l'est. Elle franchit Lacapelle-Barrès (6 km). Un peu plus loin (2 km) se présente sur la gauche la D 57, qui, via Vigouroux (5,50 km), atteint Brezons (4 km). Depuis Vic-sur-Cère, nous avons donc franchi un peu plus de 30 kilomètres, mais par une route aux multiples lacets.

MONTRÉAL
commune de Brezons
Cantal

Brezons est une petite commune de quelque 600 habitants, située dans l'arrondissement de Saint-Flour. Le village se recroqueville au pied d'un mont que domine une croix qui semble toute solitaire là-haut. On ne se douterait pas qu'il y existe un hameau si minuscule qu'il mérite à peine cette désignation: deux maisons et des bâtiments utilitaires: Montréal!

C'est, comme dirait le fabuliste, par un chemin malaisé, accroché au flanc du mont, qu'on y parvient. Tout d'abord, un petit oratoire se présente sur la gauche, puis apparaît une longue grange à étage, avec comble. Devant celle-ci, une première maison, qu'habite une famille de fermiers propriétaire d'un important troupeau de vaches. Deux étables abritent des chèvres. Un peu au-delà, une seconde maison, inhabitée quand nous avons visité les

L'une des... deux maisons du Montréal du Cantal.
Elle abrite une famille qui exploite une ferme laitière.

Les toits sont recouverts de lave volcanique taillée en lames épaisses
qui sont mises en place à la façon de bardeaux.

lieux. Ces différentes bâtisses sont construites d'une maçonnerie qui semble vouloir défier le temps. Les maisons ne sont pas anciennes; elles sont millésimées: 1837 et 1878. Les toits céderaient sous leur poids s'ils n'étaient solidement étayés, car ils sont revêtus de ces épaisses lames taillées à même la pierre ou la lave volcanique dont nous avons parlé précédemment, et que l'on place les unes appuyées sur les autres à la façon de bardeaux.

Si les fermiers sont aux champs, seules des oies s'étirent le cou pour vous regarder passer! C'est le Montréal du Cantal! Vus d'ici, Brezons et son cimetière prennent figure, dans la vallée, d'un village jouet.

*　*
*

Notre prochain Montréal est situé en dessous de Limoges, à proximité de la N 20. Point n'est besoin de revenir jusqu'à Brive-la-Gaillarde, d'où cette route file vers le nord en direction d'Uzerche (31 km). On peut, à Tulle, emprunter la N 120 jusqu'à Uzerche (26 km), ce qui évite de refaire la distance séparant Brive-la-Gaillarde de Tulle (29 km), une «économie» de 34 kilomètres.

On dit d'UZERCHE que c'est «la perle du Limousin», cette ancienne province qu'avaient déjà habitée les Celtes, les Ligures et les Ibères quand elle tomba sous l'autorité romaine, il y a un millénaire, et qui, après être passée à l'Angleterre, fut rattachée au domaine royal au XVIIe siècle.

D'un côté de la route coule la Vézère, un affluent de la Dordogne. De l'autre se déploie la ville, perchée sur son promontoire. C'est depuis les hauteurs de Sainte-Eulalie que le panorama nous révèle le mieux les flèches et les toits aigus qui surgissent de son écrin de verdure. Nombreuses sont les maisons à tourelles et à échauguettes. Leur disposition étagée présente un aspect fort attachant, depuis le pont Turgot. Elles datent des XVe et XVIe siècles. L'église Saint-Pierre se distingue par son style roman et son clocher limousin (crypte du XIe s.). Des cinq portes que comptait l'enceinte, il en subsiste une, la porte Bécharie. La tour dite du Prince-Noir, le château Pontier et de belles maisons Renaissance complètent le décor. C'est une ville où il fait bon déambuler, une halte idéale pour quiconque souhaite se détendre après une longue route.

Nous retrouvons ici un personnage dont nous avons parlé lors de notre passage dans l'Ain, le sulpicien François Lascaris d'Urfé, né et décédé à Bâgé-le-Chatel, et que l'on considère comme le fondateur de Baie-d'Urfé, municipalité sise dans l'île de Montréal, sur les bords du lac Saint-Louis. Après être rentré définitivement en France, le missionnaire se vit attribuer l'abbaye de Saramon, dont le revenu était de 4 000 livres, et il devint ainsi le seigneur d'Uzerche! L'église Saint-Pierre, mentionnée précédemment, était celle de son abbaye, dont les moines s'étaient trop éloignés des préceptes de saint Benoît. Le nouvel abbé s'employa à réformer ceux-ci conformément aux principes de saint Maur. À cette époque, Uzerche présentait une telle image de relative richesse que déjà s'incrustait le dicton populaire: «Qui a maison à Uzerche a château en Limousin.»

Continuons notre remontée par la N 20, qui, tout de suite au-delà de Masseret (12 km), passe du département de Corrèze à celui de Haute-Vienne, où se trouve notre prochain Montréal. Un peu plus haut (5 km) se présente la D 7bis qui, sur la droite, conduit à Saint-Germain-les-Belles (4,50 km).

MONTRÉAL
commune de Saint-Germain-les-Belles
HAUTE-VIENNE

Saint-Germain-les-Belles est une commune de plus de 1 500 habitants. Depuis son centre, la V 1 conduit au hameau de La Porcherie. C'est une route vicinale champêtre dont les abords sont sans doute truffés de terriers, mais cette garenne vous prévient: «Chasse gardée», rappellent des affichettes. Ne vous avisez pas de courir sus aux lièvres du canton! Une flèche indique notre destination.

Au début du siècle, ce lieu-dit de Montréal était un hameau d'une soixantaine d'habitants; il n'y en a plus de nos jours qu'une demi-douzaine répartis en trois maisons qu'accompagnent des bâtiments utilitaires. Ce n'est plus aujourd'hui qu'une exploitation agricole, mais c'était jadis une seigneurie dont l'existence remontait à l'époque des albigeois (XIIIe s.) C'est un ancien propriétaire de cette

De l'ancienne seigneurie de Montréal,
il ne reste que quelques bâtiments de ferme.

seigneurie, le comte Philippe de Montréal, un citoyen de Neuilly-sur-Seine, l'opulente commune qui jouxte Paris, qui nous a renseigné.

Nous avons déjà évoqué l'hérésie cathare, notamment lors de notre visite du Montréal de l'Aude. Au nombre des petits seigneurs qui participèrent à la croisade contre les albigeois figurait celui de Maumont, dont le château ancestral, celui de Curzac, existe toujours sur les bords de la Briance, tout près de Saint-Germain-les-Belles, entre Saint-Vitte-sur-Briance et La Croisille-sur-Briance.

En rentrant à son château, le seigneur amena un jeune homme que la croisade avait épargné et qui se fixa dans le voisinage, donnant à la seigneurie qu'il devait éventuellement posséder le nom de Montréal, en souvenir de l'Aude, ce qui explique que ce Montréal, contrairement à la plupart des autres, ne coiffe pas une élévation.

Le seigneur de Montréal fonda une famille qui prit le nom du lieu. L'un des descendants construisit sa maison seigneuriale à Saint-Germain-les-Belles; elle s'orne de trumeaux qu'il fit peindre pour son agrément.

Vers la fin du XVIIIe siècle, la famille quitta cette demeure pour se fixer au château de Vialle, à La Croisille-sur-Briance. La seigneurie, qui, selon la tradition, était léguée de fils aîné en fils aîné, finit par passer aux mains d'un cadet et c'est ainsi que le général Simon-François de Montréal en devint propriétaire. Ce personnage commanda le corps expéditionnaire envoyé par la France pour la défense de l'État du Vatican et fut plus tard sénateur et grand officier de la Légion d'honneur.

Le général mourut célibataire, en 1873. Son neveu, Louis de Montréal, hérita donc de la seigneurie. Il décéda à son tour, en 1905, léguant ce bien familial à son fils Henri, né en 1868.

Henri de Montréal connut une brillante carrière. Inspecteur des Finances, il fut prêté par la France au sultan Mehmet VI en qualité de directeur des services financiers de l'Empire ottoman! Il passa ainsi plusieurs années à Constantinople. Rentré en France, il devint inspecteur général des Finances et conseiller maître à la Cour des comptes. À sa mort en 1938, c'est son fils Philippe, alors âgé de 28 ans, qui reçut à son tour la seigneurie en héritage. Demeuré célibataire tout comme son arrière-grand-oncle le général, il s'était assuré, quand nous l'avons rencontré, que son neveu, le vicomte Guy de l'Hermite, prendrait sa relève.

«Si vous repassez par Montréal, précisa le comte, faites-vous montrer la cave aux légumes. On y accède de l'intérieur, une coutume répandue dans la région à cause des loups-garous.» Selon la tradition, les loups-garous devaient toucher sept paroisses quand ils sortaient dans la campagne. Pour se reposer, ils n'hésitaient pas à se poser sur les épaules des humains pour les faire courir à leur place. Le soir tombé, tout visiteur à la cave aux légumes risquait de servir de «monture» à quelque loup-garou astucieux!

* *
*

Pour échapper aux loups-garous, revenons vite à la N 20 et reprenons-la vers le nord. Elle nous conduit à LIMOGES (34 km), capitale du Limousin et centre géographique de cette ancienne province dont nous avons déjà évoqué les origines. Culture et topographie s'allient ici pour offrir une étape touristique de haut intérêt. Limoges fut l'un des premiers sièges épiscopaux de la région, qu'évangélisa saint Martial, l'un de sept évêques envoyés en Gaule vers le milieu du IIIe siècle. C'est après avoir converti l'Aquitaine, le Rouergue, le Poitou et la Saintonge qu'il devint évêque de Limoges, et, si rien ne subsiste de l'abbaye Saint-Martial fondée en 848, on a dégagé, il y a une trentaine d'années, la crypte où avaient été déposés les restes du saint.

Cette ville s'est acquis la renommée pour ses émaux et ses porcelaines. L'ancien palais épiscopal, de style rococo, abrite justement un musée qui comprend une importante collection d'émaux (XIIe s. à nos jours). La cathédrale Saint-Étienne est considérée comme un chef-d'œuvre de l'art gothique (XIIIe-XIVe s.) et elle possède un portail flamboyant remarquable.

Depuis les jardins de l'évêché, aménagés en terrasses, s'offre une belle vue sur la Vienne, que franchit un pont à huit arches construit au XIIIe siècle et dont l'ensemble présente une chaussée légèrement courbe, en dos d'âne. La rue de la Boucherie chemine entre des étaux où, depuis des siècles, les Limougeauds s'approvisionnent en viandes fraîches. Ne nous étonnons donc pas si elle conduit à la chapelle Saint-Aurélien (XVe s.), celle de la corporation des bouchers.

* *
*

Le moment est venu de boucler... la boucle et de rentrer à Paris, mais il nous reste quatre Montréal à mentionner. Il ne s'agit que de modestes lieux-dits; de ce fait, il serait peu rationnel de les aborder en une même fin de circuit. Aussi proposons-nous deux itinéraires pour revenir dans la Ville lumière, chacun offrant l'occasion d'étapes d'intérêt québécois.

Le premier, le plus direct (376 km), passe par Châteauroux, Vierzon et Orléans; il suffit, en quittant Limoges, de poursuivre sur l'importante N 20.

Le second touche à Poitiers (118 km), à Tours (102 km), au Mans (77 km), à Alençon (49 km) puis à Rouen (144 km). Jusque-là, nous avons franchi 490 km. Il nous restera à rallier Paris. Nous en reparlerons plus loin.

La seule énumération de ces villes suggère à quel point chacune d'elles constitue un centre d'où rayonnent plusieurs destinations d'intérêt québécois. L'auteur a d'ailleurs regroupé celles-ci dans un autre guide historico-touristique intitulé *La France de l'Ouest des Québécois*. Leur énumération et leur description dépasseraient largement le cadre du présent ouvrage.

Le premier itinéraire, avons-nous dit, passe par Orléans. Or, à l'est de cette ville (15,50 km) se situe le Montréal du Loiret.

Le carrefour de Montréal, dans le Loiret, se présente sur la D 709, à une douzaine de kilomètres à l'est d'Orléans.

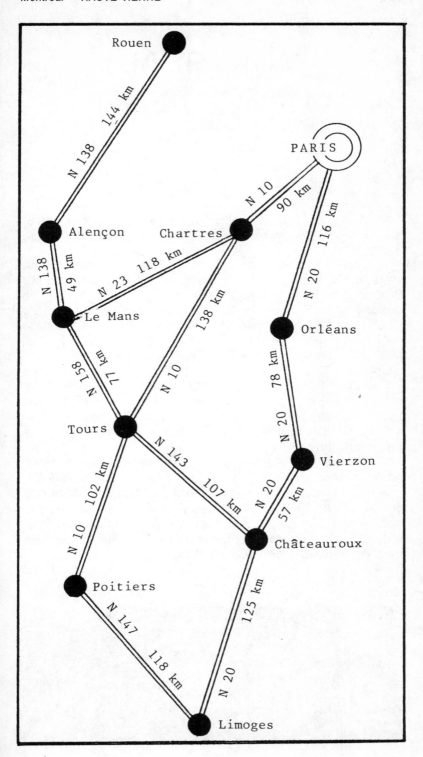

MONTRÉAL
commune de Donnery
LOIRET

Même si ce Montréal n'est plus qu'un simple carrefour, il figure toujours sur les cartes routières à grande échelle.

Depuis Orléans, emprunter la N 51, direction Pithiviers, mais, dès après la banlieue orléanaise, prendre sur la droite la N 152 jusqu'à Mardié (10 km). Ici, sur la gauche, se détache la D 709, qui conduit à Donnery (5,50 km). Le carrefour de Montréal se présente avant de franchir le canal d'Orléans, là où se croisent la D 709 et la D 424, laquelle conduit à Trainou, vers le nord, et à Saint-Denis-de-l'Hôtel, vers le sud.

Aucune signalisation n'identifie ce lieu-dit de Montréal comme tel, mais il y passe une rue de Montréal qui, vers l'ouest, prend tout naturellement le nom de rue d'Orléans. On reconnaît facilement le carrefour par une petite croix de pierre.

Pour rentrer à Paris, point n'est nécessaire de revenir à Orléans. Depuis Trainou, la D 11 conduit à la N 51, que nous avions quittée en sortant d'Orléans. Prenons-la sur la droite. Au-delà de Pithiviers, via Malesherbes, elle donne accès, à Ury, à l'autoroute A 6 ou, si l'on préfère, à la N 7, qui traverse Fontainebleau. Dans les deux cas, on n'est plus loin de Paris (60 km).

*   *
*

Abordons maintenant le second itinéraire, toujours depuis Limoges, où nous avons continué sur la N 20 jusqu'à Châteauroux, pour y prendre la N 143 jusqu'à Tours. D'ici, la N 158 nous conduit au Mans. Or, depuis cette dernière ville, un autre choix se présente: nous avons déjà proposé un crochet par Rouen, mais on peut, si on le préfère, rentrer à Paris par le Perche, d'où sont venus tant de fondateurs de familles québécoises. Pour cela, il suffit, au Mans, d'emprunter soit la N 23 vers La Ferté-Bernard, soit la D 301 vers Bonnétable.

Dans ce dernier cas, notons que la D 301, depuis le Mans, croise la D 25 (22 km). Celle-ci conduit, sur la gauche, à Beaufay (1,50 km).

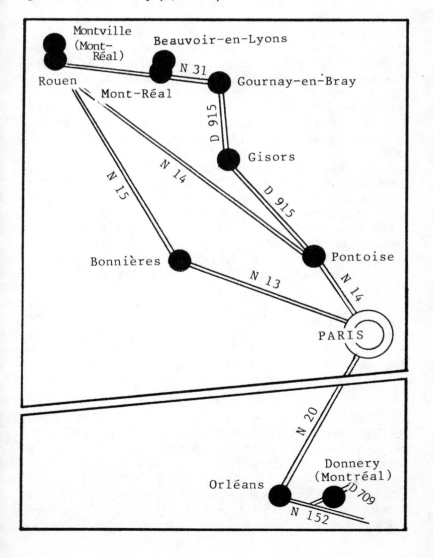

MONTRÉAL
commune de Beaufay
Sarthe

C'est sur la commune de Beaufay que se situait ce Montréal. Nous en parlons au passé, car nous n'avons pu repérer ce lieu-dit, même avec la collaboration du maire, qui, vu sa profession de notaire, aurait pu apercevoir cette appellation géographique dans les greffes ou les cadastres anciens. Tout au plus éxiste-t-il, à deux kilomètres à l'est de la commune, un hameau qui porte le nom de Mont, tout voisin d'un château d'eau, et qui pourrait être une évocation tronquée d'un ancien nom de lieu. Aussi ne mentionnons-nous ici ce Montréal qu'à des fins documentaires.

Il ne fait aucun doute, cependant, que ce Montréal a bel et bien existé et qu'il était fort ancien, car on le cite dans le précieux cartulaire de Marmoutier, qui, en l'an 1279, mentionne spécifiquement le «territorium de Montraul», puis les «terres de Montzal sises en la paroisse de Beaufay et Bonneestable», en 1483; enfin, en 1587, «le lieu de Montreal en ruinne et decadance». En outre, les archives révèlent qu'il existait un sieur de Montréal en 1644.

Si le Montréal de l'actuelle Sarthe était déjà en décadence il y a quatre siècles, ne nous étonnons pas de n'en plus retrouver pierre sur pierre. Peut-être d'ailleurs ne s'agissait-il ni d'une forteresse ni d'un *castrum* comme nous en avons visité à la faveur de notre périple.

* *
*

Depuis Le Mans, nous poursuivons donc notre «tour de France», mais par la N 138, et cela jusqu'à ROUEN. Nous traversons ainsi des régions riches en souvenirs «québécois» et abordons une ville qui a joué un rôle de premier plan dans la fondation et l'essor de la Nouvelle-France, mais, encore une fois, nous ne saurions nous y arrêter sans faire double emploi avec notre *France de l'Ouest des Québécois*.

MONT-RÉAL
commune de Montville
SEINE-MARITIME

Si l'on sort de Rouen vers Dieppe, d'abord par la N 15 puis par la N 27, on effleure la commune de Montville, qui se trouve un peu en retrait de la route, sur la droite. Juste avant, à Malaunay (12 km), se détache la D 155, qui passe aussitôt (2 km) par Mont-Réal, lieu-dit situé sur la commune mentionnée plus haut.

L'église de Montville occupe un cimetière de l'époque franque. À la faveur de travaux, le sous-sol a révélé la présence de cercueils de pierre qui ne laissent aucun doute à ce sujet. Le clocher comporte des tufs vieux de huit siècles. Le chœur, construit en grès et pierre, est plus récent (XVe-XVIe s.), et, au milieu du siècle dernier, on a remplacé l'ancienne nef par une nouvelle, plus vaste, dotée de deux collatéraux avec des arcatures sveltes et élevées. Le portail est étayé de puissants contreforts que coiffent des pyramides à crochets.

Cette église en remplace une autre qui existait en l'an mille, car le vicomte d'Arques, fondateur de l'abbaye

La côte du Mont-Réal est fort peu achanlandée:
elle conduit à une maison secondaire.

Là où la côte du Mont-Réal s'amorce,
on a construit une série d'immeubles: la Cité du Mont-Réal.

du Mont-Sainte-Catherine de Rouen, lui donna l'église de
Montville de même que les dîmes de la paroisse; c'était
en 1030. Quant au temple actuel, il possède des vitraux
anciens (XVIe s.) qui ont été classés par les Beaux-Arts.

Au début du XVIIe siècle, le propriétaire de la terre
de Montville était le baron Claude Groulard, premier pré-
sident du parlement de Normandie, dont le tombeau se
trouve dans la cathédrale de Rouen et qui a contribué à
la réalisation des grands projets royaux à l'égard de la
Nouvelle-France. Sa veuve, Catherine Bretel, fut la mar-
raine de l'une des cloches de l'église en 1622.

Quant au lieu-dit de Mont-Réal, son origine demeure
inconnue. On n'en a pas trouvé de trace aux Archives
départementales de la Seine-Maritime, à Rouen. La côte
dite du Mont-Réal conduit à une maison secondaire qui
porte le même nom, de même qu'à la Cité du Mont-Réal,
un groupe de bâtiments abritant chacun plusieurs appar-
tements. Pour désigner un tel ensemble d'édifices à loge-
ments multiples, on a souvent recours, en France, au
terme «résidence».

*   *

*

De Rouen à Paris, les touristes qui n'empruntent pas
l'autoroute choisissent soit la N 15, via Mantes-la-Jolie,
soit la N 14, qui passe par Pontoise. La distance est
sensiblement la même (environ 140 km). Nous proposons
un autre itinéraire: la N 31 jusqu'à Gournay-en-Bray
(50 km), puis la D 915, qui passe par Gisors (25 km) puis
atteint aussi Pontoise (36 km). Ce crochet ajoute quelque
peu au parcours (22 km), mais il permet de voir un dernier
Montréal.

MONT-RÉAL
commune de Beauvoir-en-Lyons
SEINE-MARITIME

Ce Mont-Réal est situé au «pays» de Bray, ver-doyante région du bassin parisien qui se situe en haute Normandie, au voisinage de la Picardie. La N 31, au moment d'atteindre Croisy-sur-Andelle (24 km depuis Rouen), effleure la splendide forêt de Lyons, que l'on dit être la plus belle hêtraie de France (superficie supérieure à 10 000 ha). On y trouve des arbres vieux de trois siècles et dont la circonférence atteint parfois cinq mètres!

En son centre, la commune de Lyons-la-Forêt a conservé plusieurs de ses maisons bourgeoises du XVIIe siècle, avec leurs façades à colombage et leur étage souvent en encorbellement. De là rayonnent des sentiers qui incitent à la promenade sous l'invitant couvert des frondaisons.

Après Croisy-sur-Andelle se présentent La Haye (3,50 km) puis La Feuillie (5,50 km), où se détache, sur

L'église de Beauvoir-en-Lyons domine la boutonnière du pays de Bray.

la gauche, la D 84, qui conduit à BEAUVOIR-EN-LYONS
(8 km), dont l'église aurait été jadis la chapelle d'un
ancien château fort, ce qui ne serait pas étonnant, car,
d'ici, l'œil porte sur ce que l'on appelle la boutonnière du
pays de Bray, ce terme désignant spécifiquement un
bombement aplani et entaillé par l'érosion. Le porche de
l'église est remarquable (XIIIe s.).

Pour s'arrêter au calvaire du Mont-Réal, revenir à la
N 31, mais par la D 1 (3 km). Ce lieu est vénéré depuis
des temps immémoriaux. Peut-être s'y dresse-t-il une
croix depuis plusieurs siècles. La plus ancienne dont on
trouve la trace dans les documents datait de 1860. En
1892, le calvaire était en ruine. On le remplaça par un
nouveau. Au cours de la Deuxième Guerre mondiale, le
curé de Beauvoir-en-Lyons fit la promesse que si sa
paroisse était épargnée, il chanterait une messe d'action
de grâces au calvaire du Mont-Réal pendant trois années
consécutives, ce qu'il fit à partir de 1945.

Depuis le calvaire, continuons sur la D 1 jusqu'aux
Carreaux, où nous reprenons la N 31 vers l'est jusqu'à
GOURNAY-EN-BRAY (7,50 km). Même si des bombardements ont pulvérisé le centre de la commune, la collégiale
Saint-Hildevert (XIIe s.) a survécu à cette terrible épreuve,
et elle offre toujours aux visiteurs ses beaux chapiteaux
ornés de sculptures animales et végétales et ses statues
de bois polychrome.

De Gournay-en-Bray, donc, la D 915 conduit à GI-
SORS (25 km), qui a conservé sa forteresse (XIe-XIIe s.),
un remarquable exemple d'architecture militaire; son enceinte, flanquée de 12 tours, est devenue un agréable
jardin public; son église Saint-Gervais-et-Saint-Protais
(XIIIe-XIVe s.) présente une magnifique façade Renaissance qu'encadrent deux tours.

Notre dernière étape avant Paris sera PONTOISE
(36 km), qui, au cours de récentes années, est devenue
une mégabanlieue de la Ville lumière, une énorme ville-
dortoir. Nous n'entreprendrons pas de nous y arrêter, sauf
si vous êtes friand d'urbanisme ultramoderne. Pourtant,
le cœur de la vieille commune compte un monument
auquel un Québécois ne saurait être insensible, l'église
Saint-Maclou. Toutefois, ce n'est pas parce qu'elle est
gothique et Renaissance qu'elle retiendra notre attention,
mais bien parce qu'elle constitue en quelque sorte un
«pont» entre les bords de l'Oise, cette longue rivière du
bassin parisien, l'un des principaux affluents de la Seine,
et... ceux de notre rivière Saint-Charles, à Québec.

L'église possède un porche remarquable datant du XIIIᵉ siècle.

Samuel de Champlain amena les premiers missionnaires récollets à Québec en 1615. Trois ans plus tard, ceux-ci voulurent y établir un collège et ils sollicitèrent des aumônes en France dans ce but. Le principal mécène, le prince de Condé, s'inscrivit en tête de liste pour 500 écus, mais l'un des plus généreux donateurs fut le titulaire de la cure de Pontoise, le grand vicaire Charles des Bauves, qui versa 200 écus, en promettant 1 000 pour l'année suivante! Il exprima le vœu que le collège s'appelât Saint-Charles, nom qui s'étendit à la rivière toute proche.

Charles des Bauves appartenait à une noble famille du Vexin français. Après avoir accédé à la cure de Pontoise et être devenu vicaire général de l'archevêque de Rouen, il fut investi de la pleine autorité sur l'archidiaconé du Vexin français, qui comprenait 180 paroisses et de nombreux prieurés et abbayes. Il serait devenu évêque de Pontoise si la mort ne l'eût fauché prématurément en 1623.

* *
*

Nous ne sommes plus qu'à faible distance de Paris (33 km), où nous pouvons rentrer par SAINT-DENIS, dont nous voudrons admirer la superbe basilique, fastueuse nécropole des rois de France.

Voilà que la boucle est... bouclée, mais nous ne saurions refermer notre album des Montréal de France sans en évoquer un autre, plus jeune, d'origine tout aussi française, et auquel l'imprévisible destin allait réserver un avenir étincelant: le Montréal de «Neufve-France», la métropole du Québec qui, à l'extérieur de la mère patrie culturelle, compte la plus importante population au monde de descendants de Français de vieille souche.

Au moment où se présente le 350e anniversaire de la fondation de Ville-Marie, saluons les Français qui, venus du «vieux pays», implantèrent dans l'île de Mont-réal ce rameau appelé à une aussi indéfectible destinée.

Le calvaire du Montréal de Beauvoir-en-Lyons.

MONTRÉAL

QUÉBEC

MONTRÉAL
Québec

Notre périple ne saurait être complet si nous n'y ajoutions la métropole du Québec, qui, en trois siècles et demi, née d'un modeste fortin exposé aux attaques incessantes des Iroquois, s'est hissée au deuxième rang des villes francophones du monde.

Car ce Montréal de «Neufve-France» est un vigoureux rameau du «vieux pays». Au moment de sa fondation, Louis XIII régnait encore à Saint-Germain-en-Laye et sa colonie d'Amérique constituait en quelque sorte le prolongement outre-Atlantique de son empire. Pendant plus d'un siècle, l'établissement se développa sous la bannière fleurdelisée, bénéficiant de sa situation géographique au carrefour du fleuve Saint-Laurent et de la rivière des Outaouais.

Lorsque la Nouvelle-France capitula, en 1760, Montréal comptait déjà 8 312 âmes, soit à peu près autant que l'actuelle population de l'ensemble des Montréal de France. Le benjamin de la «famille» s'était déjà révélé remarquablement prolifique!

La Société historique de Montréal a marqué le 250e anniversaire de la fondation de la ville par l'érection, place d'Youville, en 1894, d'un obélisque, monolithe de dix mètres de hauteur et pesant dix-sept tonnes. En 1939, le monument s'étant incliné, on décida de le déplacer jusqu'à la place Royale. Le déménagement s'effectua au cours des mois suivants. Selon les historiens, il indique ainsi le véritable berceau de Ville-Marie.

Le socle de l'obélisque comporte quatre plaques de bronze sur lesquelles se trouvent les noms des fondateurs.

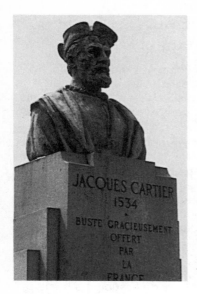

Jacques Cartier

C'est en 1535 que le Montréal du Québec entra réellement dans notre histoire écrite. L'année précédente, Jacques Cartier avait pris possession du Canada au nom de François Ier. Le buste du découvreur qui, dans l'île Sainte-Hélène, orne le pont qui porte son nom a été offert à Montréal par la France à l'occasion des fêtes qui marquèrent le 4e centenaire de ce premier voyage. Dès 1535, le roi commanditait le hardi Malouin pour un deuxième voyage.

Le 3 octobre (1535), Cartier gravissait les pentes du mont qui domine l'île de Montréal et lui donnait le nom de Royal. Il avait à ses côtés un gentilhomme de haute réputation dont nous avons évoqué le souvenir en passant par le Montréal de la Dordogne, Claude de Pontbriant dit Montréal, l'échanson du prince héritier, fils aîné de François Ier. C'est fort probablement là l'origine du nom de la métropole du Québec, car presque tous les Montréal de France se situent sur des monts... «réaux». Le peintre L.R. Batchelor a fixé sur toile le souvenir de ce premier jour de l'histoire «moderne» du Montréal québécois, au moment

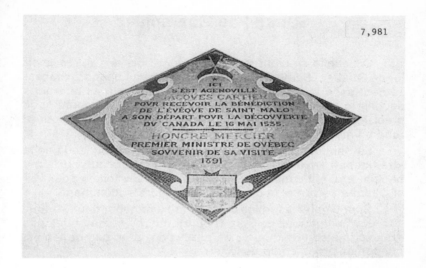

où un aborigène d'Hochelaga indique aux Français la situation de sa bourgade.

Incorporée au dallage même de l'allée centrale de la cathédrale de Saint-Malo, une inscription indique l'endroit où Cartier s'est agenouillé pour recevoir la bénédiction de l'évêque avant son départ pour l'expédition qui allait le conduire jusqu'à Montréal. Honoré Mercier, premier ministre du Québec, l'a offerte à l'occasion d'une visite en 1891.

Plus bas, sur la gauche, quelques marches conduisent à la chapelle, où une dalle de marbre noir recouvre le tombeau du célèbre explorateur.

En toute proche banlieue de Saint-Malo, plus exactement à Paramé, existe toujours la gentilhommière où Cartier finit ses jours, victime à la fois de la peste et de l'ingratitude de ses contemporains.

Samuel de Champlain

On oublie souvent que, seulement trois ans après avoir fondé Québec, Samuel de Champlain projetait un autre établissement dans l'île de Montréal. C'est d'ailleurs à lui que nous devons la première carte du saut Saint-Louis, indiquant avec précision la place Royale (lettre A), qu'il fit défricher «pour la rendre vnie & preste à y bastir», écrit-il. C'était en 1611.

Le Saintongeais remarque qu'il existe non loin de là de la «trés-bonne terre grasse à potier, tant pour bricque que pour bastir», et il fait construire un mur long de dix toises pour voir si, l'année suivante, la crue des eaux l'aura endommagé.

Pour vérifier la fertilité du sol, il fait aménager deux jardins. «Le deuxiesme iour de Iuin, rapporte-t-il, i'y semay quelques graines, qui sortirent toutes en perfection, & en peu de temps, qui demonstre la bonté de la terre.»

C'est Champlain lui-même qui a nommé «place Royale» la pointe qu'il fit défricher et qui plus tard reçut le nom de Callières.

L'année précédente (1610), Champlain avait épousé Hélène Boullé, à Paris. Voulait-il immortaliser le prénom de sa jeune femme? «Au milieu du fleuve, ajoute-t-il, y a vne isle d'enuiron trois quarts de lieues de circuit, capable d'y bastir vne bonne & forte ville, & l'auons nommée l'isle de saincte Elaine.» C'est elle qui s'inscrit tout au bas de son plan. Complètement à droite, le mont Royal et ses pentes boisées.

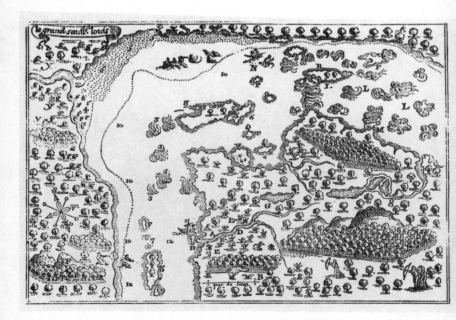

Nous savons de Samuel de Champlain qu'il était d'origine saintongeaise et «de Brouage», ainsi qu'il s'identifie sur la page titre de ses précieux récits de voyages. Cependant, on n'a jamais retrouvé d'acte des registres de l'état civil précisant son lieu et sa date de naissance. Peut-être a-t-il vu le jour au sein d'une famille de religionnaires?

La mémoire du «père de la Nouvelle-France» est l'objet de vénération à Brouage. Dès 1878, on dressait une colonne à sa mémoire devant l'église de la commune, et, en 1970, le gouvernement du Québec érigeait, non loin de là, un mémorial dans un petit parc où, selon la tradition, se trouvait la demeure du célèbre explorateur.

En 1634, Champlain réalisait, par la fondation d'un poste à Trois-Rivières, un objectif qui datait déjà d'une trentaine d'années. S'il n'était décédé l'année suivante, on peut croire qu'il mériterait de nos jours un autre titre à notre souvenir: celui de fondateur de Montréal.

Jérôme Le Royer de La Dauversière

On a écrit que c'est à la lecture des *Relations des jésuites* que Jérôme Le Royer de La Dauversière forma le projet d'établir un hôpital à Ville-Marie. Pourtant, il n'avait pas encore été question d'y fonder un poste, même si Samuel de Champlain y avait pensé en 1611. Or, dès 1634, rapporte-t-on, ce fonctionnaire chargé de la perception des tailles en l'élection de La Flèche «eut une vision de l'île de Montréal avec mandement d'y établir une colonie».

M. de La Dauversière souhaitait s'assurer l'appui de citoyens en vue pour réaliser son objectif. À Paris, il frappa à la porte de Pierre Séguier, le garde des Sceaux. Au moment où le Fléchois arrivait chez le ministre, un prêtre s'y présentait: Jean-Jacques Olier. Ils ne s'étaient jamais vus. Pourtant, ils tombèrent dans les bras l'un de l'autre et, «s'étant communiqué leurs desseins, il se trouva qu'ils avaient la même passion de travailler à la conversion des Sauvages de la Nouvelle-France».

Une telle rencontre tient du merveilleux, mais, quelles qu'en aient été les circonstances, la fondation de Ville-Marie devait en résulter.

En 1643, l'évêque d'Angers promulguait l'érection canonique de la Congrégation des filles hospitalières de Saint-Joseph. Quelques années plus tard, cette communauté allait être à l'origine de la fondation de l'Hôtel-Dieu de Montréal. Aussi cet hôpital a-t-il son pavillon Le Royer et l'a-t-il orné d'un buste du fondateur de l'ordre, qui partage avec Jean-Jacques Olier et quelques autres ouvriers de la première heure le mérite non seulement d'avoir été l'un des principaux instigateurs du premier établissement de Ville-Marie, mais d'en avoir assuré la permanence par le recrutement d'une phalange de colons. C'est lui, notamment, qui sauva Montréal de la menace iroquoise en 1653, s'employant avec le sieur de Maisonneuve à la levée de plus d'une centaine de valeureux pionniers prêts à porter secours à la poignée de «Montréalistes» qui vacillaient sous la menace iroquoise.

En 1607, Henri IV fondait à La Flèche un grand collège qu'il confia aux jésuites. En moins d'un quart de siècle, l'institution comptait 1 500 élèves. Deux de ceux-ci nous sont particulièrement connus: François de Laval, qui allait devenir le

premier évêque de la Nouvelle-France, et Jérôme Le Royer de
La Dauversière. L'ancien collège est devenu le Prytanée militaire, et sa chapelle Saint-Louis, de style italianisant, possède
une inscription à la mémoire de celui qui étudia dans cette
maison de 1608 à 1617 et que l'on identifie comme le promoteur
de la fondation de Ville-Marie.

Dans la chapelle de l'Hôtel-Dieu de La Flèche, les religieuses conservent avec vénération dans un reliquaire le cœur
de leur fondateur. Posée sur la table, une liasse de contrats que
M. de La Dauversière signa pour l'engagement de la célèbre
recrue de 1653. Une stèle dévoilée en 1954 sur les bords
enchanteurs du Loir rappelle qu'ici se sont embarqués, entre
1640 et 1659, 278 hommes, 45 femmes et enfants destinés à
Ville-Marie, à l'instigation de l'infatigable Fléchois.

Jean-Jacques Olier

Pendant qu'à La Flèche M. de La Dauversière s'employait à la fondation d'une communauté de religieuses hospitalières, un jeune prêtre, Jean-Jacques Olier, après avoir prêché en Auvergne, acceptait la cure de Saint-Sulpice à Vaugirard, alors un faubourg de Paris, une paroisse si dépravée que, pendant la foire de Saint-Germain, on pouvait compter jusqu'à dix-sept personnes tuées en duel en une semaine! Il redressa si bien la situation qu'il mit en chantier une nouvelle église, celle-là même qui domine de nos jours la place Saint-Sulpice, dans la Ville lumière.

Son inclination pour l'apostolat missionnaire ne l'avait pas abandonné et il résolut de fonder des séminaires pour la formation des jeunes clercs. Le premier vit le jour à Vaugirard en 1641, et les prêtres qui choisirent d'y œuvrer furent tout naturellement désignés sous le nom de Compagnie de Saint-Sulpice.

Depuis cinq ans déjà, nous l'avons mentionné précédemment, MM. de La Dauversière et Olier s'étaient rencontrés fortuitement, et c'est ainsi qu'en 1639 fut fondée la Société de Notre-Dame de l'île de Montréal, qui allait recruter d'influents gentilshommes avec l'objectif de jeter les bases d'un établissement dans cette île pour l'évangélisation des aborigènes. «Cette entreprise, commentait le père Vimont, paroistroit autant temeraire qu'elle est saincte et hardie, si elle n'auoit pour base la puissance de celuy qui ne manque iamais à ceux qui n'entreprennent rien qu'au bransle de ses volontez.»

L'un des bas-reliefs qui ornent le socle de la statue de Maisonneuve, place d'Armes, à Montréal, évoque la signature de l'acte de fondation de la future Ville-Marie.

En l'église Saint-Sulpice, à Paris, les paroissiens ont érigé une plaque à la mémoire de celui qui fut curé de la paroisse pendant dix ans. C'est là où se trouve maintenant la place Saint-Sulpice que M. Olier construisit son séminaire.

L'un de ses premiers adjoints fut Gabriel de Thubières de Queylus, qu'il envoya fonder un séminaire à Viviers, sur les bords du Rhône.

En 1656, M. Olier rappelait M. de Queylus à Paris et lui confiait une autre mission: fonder un séminaire au Montréal de «Neufve-France». C'était un bâtisseur, et lorsqu'en 1663 la Société Notre-Dame céda l'île de Montréal aux sulpiciens, il en devint le seigneur en vertu de sa qualité de supérieur des Messieurs. C'est sous sa direction que fut mis en chantier le vénérable séminaire de la rue Notre-Dame, qui figure au nombre des plus précieux monuments historiques de la ville.

Paul de Chomedey, sieur de Maisonneuve

Une fois la fondation de Ville-Marie décidée, les associés se demandaient à qui confier le mandat d'y conduire une première poignée de pionniers et d'y ériger un fortin pour les loger. Le premier supérieur des jésuites à Québec, Charles Lalemant, dit à M. de La Dauversière connaître un Champenois digne de cette mission et lui indiqua l'auberge où il logeait.

Mine de rien, M. de La Dauversière s'y installa et profita d'un repas pour parler à haute voix de «l'affaire du Montréal». Bien lui en prit: Paul de Chomedey, sieur de Maisonneuve, lui offrit ses services.

Le 18 mai 1642, les premiers «Montréalistes», arrivés la veille devant la place Royale, y dressaient une première palissade après avoir entendu chanter une messe d'action de grâce par le père Barthélemy Vimont, un événement qu'évoque l'excellent peintre québécois Georges Delfosse dans l'un de ses tableaux les plus connus.

Mais nous ne rendrions pas justice au sieur de Maison-neuve si nous le cantonnions dans ce rôle de chef d'expédition. Cette Ville-Marie, il la prit vraiment sous son aile, la défendant notamment contre les attaques répétées des Iroquois, ainsi que le rappelle l'un des bas-reliefs de son monument.

Les initiateurs de la fondation de Montréal n'ayant pas traversé l'Atlantique, ils n'auraient pu réaliser leur rêve sans recourir à des «gens de terrain», comme on dirait de nos jours. Or, c'est un trio champenois qui devait concrétiser le projet: Jeanne Mance et Marguerite Bourgeoys devaient seconder le sieur de Maisonneuve.

À Neuville-sur-Vanne, près de Troyes, en arrière de l'église paroissiale, une importante pastille de marbre rappelle qu'ici, en 1612, a vu le jour celui dont le nom demeure vénéré non seulement dans le cœur des Montréalais mais dans celui de tous les francophones de l'Amérique du Nord.

JEANNE MANCE

Jeanne Mance

Elle était née à Langres en 1606 et c'est à l'âge de 33 ans qu'elle résolut d'aller œuvrer au Canada. Le père Charles Lalemant, procureur des missions du Canada, lui fit connaître le père Rapine, provincial des récollets de Saint-Denis, qui la présenta à la marquise de Bullion, l'opulente veuve d'un surintendant des Finances de Louis XIII.

La Champenoise, tout comme le sieur de Maisonneuve, quitta la France dès 1641; il n'est donc pas étonnant de voir sa statue orner le socle du monument de son compatriote, place d'Armes.

Au cours des mois précédents, la marquise de Bullion l'avait souvent accueillie dans son salon, et elle en repartait lestée de pièces trébuchantes. Un tableau conservé à l'Hôtel-Dieu de Montréal évoque ces rencontres.

C'est en 1659 que fut signé le contrat de fondation de l'Hôtel-Dieu. M. de La Dauversière obtint de l'évêque d'Angers l'autorisation d'envoyer à Ville-Marie trois hospitalières de la communauté qu'il avait fondée à La Flèche. Le matin du départ, une cohue s'était formée devant le couvent pour les empêcher de partir. Une rumeur avait couru que les religieuses allaient être conduites de force vers ce pays aussi sauvage que lointain. Des cavaliers durent intervenir, l'épée à la main, pour leur frayer un passage et contenir la foule.

On devine facilement les services que rendit l'Hôtel-Dieu à la petite population de l'établissement, sans cesse en butte aux incursions iroquoises: c'est le mousquet sous le bras que les colons s'acquittaient des semailles et des récoltes.

JEANNE MANCE
1606 - 1673
FONDATRICE DE L'HÔTEL-DIEU
DE MONTRÉAL

On ne saurait résumer en quelques mots les mérites de Jeanne Mance. Les historiens reconnaissent que, grâce aux largesses de la marquise de Bullion, elle a sauvé Ville-Marie à trois reprises, notamment en 1653, lorsqu'elle consacra 22 000 livres à la levée de plus d'une centaine d'hommes dans la région de La Flèche. Tous ces engagements se sont effectués au moyen de 65 actes notariés signés conjointement par M. de La Dauversière et le sieur de Maisonneuve.

Devant la cathédrale de sa ville natale, Langres, sous les frondaisons d'un parc, une statue de marbre noir rappelle depuis 1968 la mémoire de celle que l'on considère habituellement comme la cofondatrice de Montréal.

Marguerite Bourgeoys

Dans le firmament du Vieux-Montréal, une Vierge rappelle la mémoire de notre première éducatrice, Marguerite Bourgeoys, car c'est à elle que nous devons la première chapelle dédiée à Notre-Dame-de-Bon-Secours, et elle appartenait à ce trio champenois qui fut à l'origine de Ville-Marie.

C'est en 1620, à Troyes, qu'elle naquit, et le sieur de Maisonneuve lui rendit un hommage mérité dès 1653: «J'amène une excellente fille qui sera d'un puissant secours au Montréal. Au reste, c'est encore un fruit de cette Champagne qui semble vouloir donner à ce lieu plus que toutes les autres provinces réunies.» À Troyes existe toujours l'église Saint-Jean, où elle reçut le baptême. Elle devait être canonisée en 1982.

En 1988, Montréal a enfin érigé un monument à la première enseignante de Ville-Marie, rue Notre-Dame, juste à l'est du Palais de justice. Il représente la fondatrice de la Congrégation Notre-Dame avec deux enfants courant vers elle. On n'aurait pu choisir meilleur endroit car c'est à deux pas de là qu'en 1658 Marguerite Bourgeoys accueillit ses premiers élèves, dans une étable que lui avait donnée le sieur de Maisonneuve. La même année, elle retournait en France pour y recruter des compagnes.

Les vénérables tours de pierre situées en bordure de la rue Sherbrooke, sur le domaine du grand séminaire, ont été témoins du zèle de Marguerite Bourgeoys à l'égard des jeunes Amérindiennes. C'est ici qu'elle forma les deux premières religieuses autochtones vouées à l'enseignement: une Algonquine, Marie Thérèse Gannensagouas, et une Iroquoise, Marie Barge Atontinon.

La prédiction du père Barthélemy Vimont s'est réalisée:
le petit grain de sénevé est véritablement devenu un grand arbre.

Bibliographie

GUERREAU, Bernard, *Petite histoire de Montréal dans l'Yonne*, Dijon, 1979.

Richesses de France — L'Yonne, Conseil général de l'Yonne, Paris, 1963.

BOCQUILLOD, Émile, *Les Montréal de France*, Bourg-en-Bresse, 1968.

«La Puisaye», dans *Le Puisayen*, numéros de décembre 1979 à juin 1980.

Bulletin de la Société des sciences historiques et naturelles de l'Yonne, 1858.

Archives départementales de l'Yonne, Auxerre.

GUICHENON, Samuel, *Histoire de Bresse et de Buguey*, Lyon, 1650.

PHILIPON, Édouard, *Dictionnaire topographique du département de l'Ain*, Paris, 1911.

Richesses de France — L'Ain, Conseil général de l'Ain, Paris, 1972.

PRÉVOST, Robert, «Les Douglas de Montréal», dans *Le Bugey*, vol. XVI, Belley, Ain, 1984, pp. 825 à 853.

HOZIER, Pierre d', *Armorial général ou Registre de la Noblesse de France*.

COURCY, Pothier de, *Histoire généalogique et chronologique de la Maison Royale de France*, Paris, 1879.

Elle est l'espérance des désespérés, brochure consacrée au sanctuaire de Notre-Dame-du-Sacré-Cœur du Mas-Rillier, Lyon.

CHAGNY, André, *François Picquet «le Canadien»*, Lyon et Paris, 1918.

CHARRIÉ, Pierre, *Dictionnaire topographique du département de l'Ardèche*, Paris, 1979.

JOLY, Michel, *L'Architecture des églises romanes du Vivarais*, Guénégaud, Paris.

GRÉGOIRE, Georges, «Les Seigneurs de Mirabel (Ardèche)», dans la *Revue du Vivarais*, 1980, # 1 et 2.

DEVIC et VAISSETTE, *Histoire générale de Languedoc*, Toulouse, 1876.

Sur les chemins de l'Aude, Comité départemental du Tourisme de l'Aude, 1978.

DENGERMA, Joseph, *Le Castel de Montréal-de-Sos*, Foix, 1963.

MOULIS, Adelin, *L'Ariège et ses châteaux féodaux*, Verniolle (Ariège); édition de l'auteur.

BOISVIEUX et GITHOLIN, *Inventaire sommaire des Archives communales antérieures à 1790* (commune d'Agen), Paris, 1884

GOURON, Marcel, *Catalogue des chartes et franchises de France*, Paris, 1935.

WALTER, G., *Répertoire de l'histoire de la Révolution française*, Paris, 1951.

MONTÉGUT, Henri de, *Inventaires du Château de Montréal en Périgord*, Paris, 1892.

Histoire généalogique de la Maison du Breil, Rennes, 1889; *Ibid., Supplément aux additions et corrections*, Rennes, 1898; Du Breil de Pontbriand-Marzan, Olivier, *Supplément (1780-1980)*, *1980;* du même auteur, *Additions et corrections*, 1983.

VALLÉE, Eugène, *Dictionnaire topographique du département de la Sarthe*, Paris, 1952.

La France de relais en châteaux, Paris, 1977.

La France des routes tranquilles, 6ᵉ édition, Paris, Bruxelles, Montréal et Zurich, 1982.

Index

Ce livre est imprimé sur
du papier contenant plus
de 50% de papier recyclé
dont 5% de fibres recyclées.

Achevé   Imprimerie
d'imprimer   Gagné Ltée
au Canada   Louiseville